KB200808

복음으로 산다

아낭겔로 ἀναγγέλλω **북스** ──────────────────────────────

 '아낭겔로'는 '선포하다, 알리다'란 뜻의 헬라어로, 우리 삶에 실제적인 능력이 되는 하나님나라의 복음을 선포하고 전하는 이찬수 목사의 로마서 시리즈를 '아낭겔로 북스'로 출간한다.

복음으로 산다

이찬수

규장

복음이 무능한 게 아니라 우리가 몰라서,

우리가 무지해서 무력해 보였다는 것을 확인할 수 있었다.

우리도 복음을 제대로 알고,

그 복음의 능력을 제대로 경험하면,

교회에서 복음을 잘 가르치기만 한다면

복음은 여전히 역사하는 능력이 될 것이라는 확신을 받았다.

내가 로마서를 비장하게 꺼내 든 이유가 바로 여기에 있었다.

그래서 나는 교회에서 성도들과 로마서를 나누면서,

또 이렇게 책으로 독자들에게 나누면서 소원이 생겼다.

'하나님, 교회를 오래 다녔지만 복음이 능력이라는 사실을

알지 못해서 무기력한 신앙생활을 해왔던 분들이

로마서를 통해 복음이 능력 됨을 경험하기를 바랍니다.

복음이 무엇인지를 알고 맛보는 일이 일어나기를,

그래서 다 복음으로 무장한 하나님의 사람이 되기를 바랍니다.'

나는 정말 이 기도가 응답되길 원한다.

그래서 오래 교회 다녔던 분들의 삶에 활력이 일어나기 원한다.

삶에 활력이 일어나되

복음의 능력이 그 활력의 원동력이 되기 원한다.

복 . 음 . 으 . 로 . 산 . 다 .

차례

1

PART

복음의
감격에
빠지다

로마서 1장 1–7절

1 예수 그리스도의 종 바울은 사도로 부르심을 받아 하나님의 복음을 위하여 택정함을 입었으니 2 이 복음은 하나님이 선지자들을 통하여 그의 아들에 관하여 성경에 미리 약속하신 것이라 3 그의 아들에 관하여 말하면 육신으로는 다윗의 혈통에서 나셨고 4 성결의 영으로는 죽은 자들 가운데서 부활하사 능력으로 하나님의 아들로 선포되셨으니 곧 우리 주 예수 그리스도시니라 5 그로 말미암아 우리가 은혜와 사도의 직분을 받아 그의 이름을 위하여 모든 이방인 중에서 믿어 순종하게 하나니 6 너희도 그들 중에서 예수 그리스도의 것으로 부르심을 받은 자니라 7 로마에서 하나님의 사랑하심을 받고 성도로 부르심을 받은 모든 자에게 하나님 우리 아버지와 주 예수 그리스도로부터 은혜와 평강이 있기를 원하노라

복음과 예수 그리스도

로마서 설교를 준비하면서 이런저런 자료를 찾던 즈음에 읽게 된 책 두 권이 있다. 그 책들을 읽으며 '아, 여기에 하나님의 메시지가 담겨 있다'라고 느낀 대목들이 있는데, 그중 한 권이 《그때 장자를 만났다》라는 책이다.

서문에 담긴 저자의 이야기가 참 흥미로웠다. 저자가 처음 《장자》를 읽었던 것은 외환위기 때 직장에서 쫓겨나다시피 나온 이후란다. 갑자기 많아진 시간에 《천자문》부터 《논어》, 《손자병법》을 닥치는 대로 읽어가다가 《장자》도 손에 잡게 되었는데, 조금 읽다가 덮어버렸다고 한다. 내용이 너무 황당무계하게 느껴져서 흥미를 못 느꼈기 때문이다.

그러다가 저자가 다시 《장자》를 읽게 된 것은, 이후 우여곡절 끝에 복직을 하고 1년간 해외연수 기회가 생겨 미국으로 떠나는 비행기 안에서였다. 우연히 다시 읽게 된 《장자》는 처음과 다르게 술술 잘 읽혔다고 한다. 지난번에 읽었을 때 황당무계하게 느껴졌던 것들도 겉만 보고 잘못 판단한 자신의 오해에서 비롯된 것임을 알게 되었으며, 그 깊은 의미를 살펴가면서 많은 것들을 깨달아 그 책을 내게 되었다고 한다.

나는 이런 저자의 경험담이 흥미로웠는데, 왜냐하면 그때가 '로마서'를 살필 준비를 하고 있을 때였기 때문이다. 나는 그 책을 보면서 이런 생각을 했다.

'혹시 나도 이 책의 저자처럼 로마서가 진짜 말하고자 하는 핵심을 파악하지 못한 채 로마서를 보고 있었던 것은 아닐까?'

그런가 하면 그 즈음에 손에 잡았던 책이 한 권 더 있었는데, 《어린 왕자》였다. 아마 이 책을 모르는 사람은 별로 없을 것이다. 160개국의 언어로 번역되어 전 세계적으로 1억 부 이상 팔린 베스트셀러 중의 베스트셀러이다.

내가 다시 《어린 왕자》를 꺼내 든 것은 당시 새해가 되면서 '나이 들어가면서 내가 혹시 어린 시절의 순수함을 잃어가고 있는 것은 아닌가?' 하는 생각이 들어서였다. 그래서 어른들을 겨냥해서 쓴 동화라는 《어린 왕자》를 다시 꺼내 읽기 시작했는데, 책을 읽다 보니 이런 내용이 눈에 띄었다.

어른들은 숫자를 좋아한다. 만약 어른들에게 새로 사귄 친구에 대해 말하면, 어른들은 가장 중요한 것에 대해서는 결코 묻지 않는다.

"그 애 목소리는 어떠니?"

"그 앤 어떤 놀이를 좋아하니?"

"나비를 모으는 걸 좋아하니?"

이렇게 묻는 일이 결코 없다.

"그 애는 몇 살이지?"

"형제는 몇이나 되니?"

"몸무게는 얼마야?"

"그 애 아버지는 돈을 얼마나 벌지?"

고작 이런 것들을 묻는다. 그런 걸 알아야 그 친구에 대해 안다고 생각하는 것이다.

이 대목 역시 로마서 설교를 해야겠다고 준비하던 당시의 나에게 많은 생각거리를 던졌다.

'혹시 내가 로마서를 설교하면서 《어린 왕자》를 쓴 저자가 지적하는 것처럼 별 중요하지 않은, 눈에 보이는 껍데기에만 마음을 쓰고, 그런 것들만 가지고 설교하는 우를 범하면 어떻게 하지?'

로마서에서 껍데기가 아닌 정말 하나님이 말씀하시고자 하는 것, 그 핵심을 잘 파악할 수 있으면 좋겠다는 간절한 마음이 들었다.

사실 내가 로마서로 설교를 해야겠다고 결심한 것은 벌써 몇 년 전이다. 어느 날 새벽에 잠자리에서 일어났는데 갑자기 로마서를 읽고 싶은 마음이 격동하듯 일어났다. 그래서 그 새벽에 로마서를 펼쳐놓고 읽는데, 마치 갈증을 느끼던 어린아이가 물을 벌컥벌컥 들이키는 것 같은 해갈의 기쁨이 용솟음쳤다. 얼마나 기뻤는지 모른다.

주의 말씀의 맛이 내게 어찌 그리 단지요 내 입에 꿀보다 더 다니이다
시 119:103

그날, 은혜로운 새벽을 누리면서 로마서 설교를 해야겠다고 결심했다.

사실 분당우리교회를 개척하면서 하나님 앞에 한 가지 약속한 게 있었다.

"하나님, 제 설교의 최전성기에 로마서를 설교하겠습니다."

그래서 그때까지 로마서를 아껴두었었다. 그런데 그날, 용솟음치는 기쁨이 물밀듯이 넘치던 그 새벽에 하나님이 나의 생각을 바로잡아주셨다.

'네 설교 전성기에 로마서를 설교하는 것이 아니라, 네가 로마서를 설교하면 전성기가 온다.'

사실 내 설교의 전성기에 로마서를 설교하겠다는 마음을 계속 고

수했다면 죽을 때까지 설교를 못했을지도 모른다. 그래서 하나님이 주시는 용기 앞에 힘을 얻고 다짐했다.

그러고 나서도 실제로 로마서로 설교하기 시작한 것은 그로부터 1년 가까운 시간이 흐른 후였다. 평소에도 중요한 결정을 한 뒤에는 혼자서 생각만 하다가 흐지부지 되는 것이 싫어서 사람들 앞에서 입술로 선포하고 확정할 때가 많은데, 그때도 교역자들 앞에서 "앞으로 로마서 설교한다"고 선언했음에도 불구하고 이런저런 교회의 상황과 일정으로 밀리고 있었다.

먼저 감격을 회복하라

그러던 중에 해외 집회 일정으로 두바이에 갔던 적이 있는데, 그곳에서 잊을 수 없는 경험을 했다. 저녁 때 호텔 방에서 우연히 TV 프로그램 '불후의 명곡'을 보게 되었는데, 젊은 가수 에일리가 윤복희 권사님의 '여러분'이란 노래를 불렀다. 사실 우연이라기엔 너무나 신비로운 인도하심이었다.

'여러분'이란 노래는 윤복희 권사의 오빠인 윤항기 목사가 만들고 동생인 윤복희 권사가 불러서 1979년에 서울국제가요제에서 대상을 수상한 곡이다. 당시 복음과 은혜에 대한 감격으로 충만했던 남매는 어떻게든 예수 그리스도를 드러내고 싶은데 유행가에 직접적으로 가사를 담을 수 없으니, 생각해낸 것이 영어 가사에 신앙고백을 담는 것이었다.

When you walk through the cloudy days

He said I'll be the one to be your cane

When you need someone to share your love

He said I'll be the one to be your love

네가 구름 낀 날들을 걸을 때

그가 말했지 내가 너의 지팡이가 되어줄게

네가 사랑을 나눌 누군가를 필요로 할 때,

그가 말했지 내가 너의 사랑이 되어줄게

에일리가 '여러분'이란 노래를 부르는 장면을 보는데, 두 장면에서 큰 감동을 받았다. 하나는 에일리가 영어로 노래를 하면서 주님이 말씀하셨다는 뜻의 'He said'란 부분이 나오면 손으로 위를 가리키는 장면이었고, 또 하나는 그런 후배 가수 에일리를 격려하듯 윤복희 권사님이 두 손을 추켜올리고 환히 웃으며 바라보는 장면이었다. 윤복희 권사님은 말로 다 표현할 수 없는 벅찬 감격에 빠진 모습이었다.

그 모습이 내 마음을 뜨겁게 한 이유는, 그 노래를 만들어 부른 지가 거의 40여 년 전 아닌가? 그렇게 긴 세월이 흘렀음에도 아직까지도 그 노래를 만들어 부르던 당시의 주님을 향한 뜨거운 사랑이 조금도 식지 않은 모습이 너무나 감동적이었기 때문이다. 그래서 그 장면을 눈물을 흘리면서 본 것이다.

그날 밤 깊은 생각에 빠졌다. '로마서를 설교해야겠다'고 다짐하고 있던 나에게 하나님은 '바로 이런 감격과 사랑의 정신으로 로마서를 설교해라'라고 권면하시는 것 같았다.

사실 기독교 2천 년 역사 동안 로마서는 수많은 학자들에 의해 교리로 참 잘 정리가 되었다. 그리고 수많은 설교자들에 의해 그 내용이 체계적으로 잘 전달되었다. 이런 많은 분들의 수고로 우리는 로마서를 통해 구원과 관련한 교리를 잘 정리할 수 있었다.

그런데 로마서와 관련하여 우리가 잊지 말아야 하는 것은, 로마서는 단순한 교리 책으로 읽으면 안 된다는 사실이다. 로마서는 로마서에 녹아 있는 바울의 '주님을 향한 뜨거운 사랑의 정신'으로 읽어야 하는 책이다. 내가 두바이에서 울었던 이유도, 그 새벽에 주님이 이것을 자각시켜주셨기 때문이다.

'로마서는 설교자인 네가 먼저 복음의 열정과 감격, 그리고 복음으로 인한 눈물을 회복해야 한다. 그래야 로마서를 설교할 자격이 있는 거야.'

독특한 인사말

이런 관점으로 다시 로마서를 1장부터 찬찬히 묵상해나가는 가운데, 눈에 확 들어오는 게 하나 있었다. 여러 번 본문을 읽으면서도 예전에는 발견하지 못했었는데, 로마서의 인사말이 유난히 길다는 것이다.

바울이 쓴 다른 편지들을 보면 그 당시 통용되던 헬라 문화의 영향을 받아서 수학 공식처럼 1,2절에 먼저 발신인이 나오고, 그다음에 수신인이 나오고, 그다음에 "은혜와 평강이 너희에게 있을지어다"라는 패턴의 짧은 인사말을 사용하는 것이 보통이다. 그런데 유독 로마서에서는 인사말이 1절부터 7절까지 계속되고 있는 것을 볼 수 있다.

'바울은 왜 로마서에서 유독 인사말을 길게 했을까?'

이런 궁금증을 가지고 쭉 살펴보다가 발견한 것은, 1절부터 7절까지 이어지는 인사말 중에 가운데를 생략하고 1절과 7절만 뚝 떼서 읽으니 바울의 다른 성경에 나오는 전형적인 인사말이 그대로 나오는 것이다. 한번 보자.

예수 그리스도의 종 바울은 사도로 부르심을 받아 하나님의 복음을 위하여 택정함을 입었으니 … 로마에서 하나님의 사랑하심을 받고 성도로 부르심을 받은 모든 자에게 하나님 우리 아버지와 주 예수 그리스도로부터 은혜와 평강이 있기를 원하노라 롬 1:1,7

1절에 발신인이 나오고, 7절에 수신인과 인사가 나오는 전형적인 바울의 인사말이다. 그렇다면 다른 성경과 패턴이 다른 2절부터 6절까지 어떤 내용이 들어 있나? 이런 질문을 가지고 내용을 살펴보니, 그 안에 바울이 강조하고 싶었던 세 가지 포인트가 담겨 있었다. 바로 이 세 가지를 강조하기 위해 바울은 그렇게 인사말을 길게 늘린 것이다. 그렇기 때문에 우리는 로마서를 읽을 때 이 세 가지를 필터로 삼아 봐야 한다. 이제 하나씩 살펴보자.

하나님의 복음

바울이 로마서 서두에서부터 강조하고자 했던 세 가지 포인트 중에 첫 번째는 바로 '복음'이다. 로마서 1장 2절을 보자.

> 이 복음은 하나님이 선지자들을 통하여 그의 아들에 관하여 성경에 미리 약속하신 것이라 **롬** 1:2

1절에 발신인이 나오고 바로 이어서 나오는 2절이 어떻게 시작되는가?

"이 복음은….."

바울은 지금 '복음'을 강조하고 있다. 그런데 여기서 중요한 것이 뭔가 하면, 1절을 다시 보자.

> 예수 그리스도의 종 바울은 사도로 부르심을 받아 하나님의 복음을 위하여 택정함을 입었으니 **롬** 1:1

바울은 1절에서 '복음'을 '하나님의 복음'이라고 표현하는데 이것이 왜 중요한가 하면, 당시 복음이란 뜻의 헬라어 '유앙겔리온'이란 단어는 원래 신앙적 용어가 아니라 로마 황제와 관련하여 사용하던 표현이었다. 터키 프리에네에서 발견된 주전 9년에 새겨진 비문에 이런 내용이 있었다고 한다.

"우리 삶의 전부를 주장하며 우리에게 열정과 관심을 보이는 신의 섭리는 아우구스투스를 통해 가장 완벽한 인간 삶의 완성을 주었다. 신은 그를 인간에게 유익을 주는 덕으로 충만케 했으며, 그는 우리와 우리의 자손들을 위한 구원자로 보내심을 받은 사람이다. 그를 통해 전쟁이 그쳤으며 온 세상에 질서가 생겨났다."

이어지는 내용을 보라.

"그 신 아우구스투스의 탄생일은 온 세상을 위한 복음의 시작이었다."

이처럼 당시 로마에서 통용되던 '유앙겔리온'이란 단어는 당시 최고 권력자인 로마 황제와 관련하여 사용되던 단어였다는데, 바울은 '유앙겔리온'에 하나님을 넣어서 로마 황제와 대비되는 '하나님의 복음'을 강조하고 있는 것이다.

이것이 무엇을 의미하는가? 바울이 가진 확신이 뭔가 하면, 눈에 보이는 권력자 황제가 가진 능력이 '복음'이 아니라, 예수 그리스도의 십자가를 통해 주어진 '하나님의 복음'이 진정한 복음이란 것이다. 그는 당시 크리스천들, 특히 황제의 도시 로마에 살고 있던 크리스천들에게 이런 메시지를 주고 싶었던 것이다.

바울의 이런 표현법은 4절에도 그대로 나온다.

성결의 영으로는 죽은 자들 가운데서 부활하사 능력으로 하나님의 아들로 선포되셨으니 곧 우리 주 예수 그리스도시니라 롬 1:4

여기 나오는 '우리 주'라는 표현도 그 당시 황제를 가리키는 표현이다. 그런데 바울은 세상의 최고 권력자 황제를 가리킬 때 사용하던 '우리 주'라는 표현 다음에 예수 그리스도를 넣음으로 우리가 진짜 주인 삼아야 될 내 인생의 주인은 겉으로 보이는 권력을 가진 황제가 아니라 예수 그리스도시란 것을 확연히 대조하고 있다.

바울의 이 대조법은 오늘 우리 시대에도 그대로 적용되는 것 아닌가? 오늘날 이 세상은 온통 권력과 물질에 빠져 있다. 이젠 대놓고 돈을 맘몬 신이라고 이야기한다. 이 세상에서 돈은 신이다. 돈이 세상을 죽이기도 하고 살리기도 한다. 권력도 마찬가지다. 이렇게 황금만능주의, 권력만능주의에 빠져 있는 세상을 살아가자니 우리 크리스천들도 자칫하면 그 영향력 아래서 벗어날 수 없다.

이런 상황이기에 하나님은 우리가 로마서를 통해, 우리 눈에 보이는 권력자가 아니라 날 위하여 십자가를 지신 예수 그리스도께서 우리 주가 되시고, 세상의 권력자 황제가 아니라 예수 그리스도로 인한 하나님의 복음이 우리를 살리는 진정한 복음이란 것을 깨닫기 원하신다.

이 사실을 알지 못한 채 온통 '황제의 복음'의 영향만 받으며 산다면 어떻게 크리스천이라고 할 수 있겠는가? 로마서를 통해 지금까지 우리가 좇던 황제의 복음이 아니라 오직 하나님의 복음만이 우리 삶의 대안임을 확연히 경험하고 누리는 복된 은혜가 있기를 바란다.

복음이 곧 예수 그리스도시다

두 번째로 바울이 로마서 서두에서 강조하고자 했던 포인트는, '복음이 곧 예수 그리스도'시라는 사실이다.

로마서 서두의 흐름을 보면, 2절에서 '이 복음은'이라고 시작한 말씀이 3절로 이어지면서 예수 그리스도에 대한 설명으로 연결되는 것을 볼 수 있다.

그의 아들에 관하여 말하면 육신으로는 다윗의 혈통에서 나셨고 성결의 영으로는 죽은 자들 가운데서 부활하사 능력으로 하나님의 아들로 선포되셨으니 곧 우리 주 예수 그리스도시니라 롬 1:3,4

바울이 보편적인 인사말의 형식을 깨뜨리고 길게 늘리면서까지 강조하고자 했던 포인트 중 하나가 바로 '예수님이 곧 복음'이시란 것이다. 이 사실이 참 중요하다. 다른 어떤 것보다 중요한 것은 예수님이 '복음 그 자체'라는 사실을 기억하는 것이다. 그리고 우리는 복음 그 자체이신 예수 그리스도 중심의 삶을 살아내야 한다.

사도행전 20장 24절을 보면 '하나님의 복음'을 증언하는 일을 위해서라면 자신의 생명조차 조금도 귀한 것으로 여기지 않겠다는 그의 열정의 고백이 담겨 있다.

내가 달려갈 길과 주 예수께 받은 사명 곧 하나님의 은혜의 복음을 증언하는 일을 마치려 함에는 나의 생명조차 조금도 귀한 것으로 여기지 아니하노라 행 20:24

그런 그가 갈라디아서 6장에선 이런 고백을 한다.

그러나 내게는 우리 주 예수 그리스도의 십자가 외에 결코 자랑할 것이 없으니 그리스도로 말미암아 세상이 나를 대하여 십자가에 못 박히고 내가 또한 세상을 대하여 그러하니라 갈 6:14

바울이 생명을 던지면서까지 지키고 싶어 했던 그 '하나님의 복음'이 바로 '십자가를 지신 예수 그리스도'이심에 대한 그의 확신을 말해주는 것 아닌가?

이처럼 바울의 마음은 복음이신 예수 그리스도, 그분의 십자가로 가득했다. 오죽했으면 디모데전서 1장 14절에서 이렇게 고백했겠는가?

> 우리 주의 은혜가 그리스도 예수 안에 있는 믿음과 사랑과 함께 넘치
> 도록 풍성하였도다 딤전 1:14

바울의 인생을 풍성하게 만드는 건 돈도, 권력도 아니었다. 그의 인생을 풍성하게 만드는 것은 세상이 주는 그 무엇이 아니라 복음이신 예수 그리스도, 그분으로부터 나오는 삶의 원동력과 기쁨이었다.

개척 초기에 있었던 일이다. 나를 오래 아는 사람들은 다 알겠지만, 나는 몸치다. 그래서 대학교 다닐 때도 당시 젊은이들이 즐겨가던 '춤추는 곳'을 한 번도 가본 적이 없다. 뼈마디가 온통 뻣뻣해서 그런 쪽으로는 영 흥미가 생기지 않는다. 그런 내가 교회를 갓 개척한 어느 토요일 오후에 우리 교회가 예배 장소로 빌려서 사용하고 있는 학교 정문 앞에서 춤을 췄다.

그 즈음이 어떤 때였는가 하면, 교회를 막 개척했던 터라 새벽예배, 수요예배, 그리고 그 외의 모든 예배와 제자훈련까지 인도하고, 성도들 심방도 열심히 다니던 때라 늘 피곤에 절어 있었다. 그날도 피곤한 상태로 어느 성도와 약속이 있어서 기다리고 있는데, 갑자기 예수 그리스도의 복음으로 인해 바울의 마음속에 풍성히 임한 그 은혜가 내게 임하기 시작했고, 내 마음에서 찬양 하나가 흘러나왔다.

주님 한 분만으로 나는 만족해 나의 모든 것 되신 주님 찬양해
나의 영원한 생명 되신 예수님 목소리 높여 찬양해

주님의 크신 사랑 찬양해 나의 힘과 능력이 되신 주
나의 모든 삶 변화되었네 크신 주의 사랑 찬양해

피곤에 절어 있던 내가 기쁨을 억제할 수 없어 학교 정문 앞에서 춤을 추며 찬양하던 당시를 생각하면 지금도 미소가 나온다. 생각해보라. 교회를 개척하던 당시에 번듯한 건물이 있기를 했나, 성도가 많이 모이기를 했나? 아무것도 가진 것이 없던 무명의 젊은 목사였지만, 당시 내 안에는 이런 기쁨이 있었다. 그리고 내 안에 바울의 고백이 있었다.

"우리 주의 은혜가 그리스도 예수 안에 있는 믿음과 사랑과 함께 넘치도록 풍성하였도다."

세상 황제의 복음이 아닌 바울이 경험했던 예수 그리스도, 복음 되신 예수 그리스도를 내 마음에 소중히 모실 때 비로소 우리는 주님께서 주시는 상황과 환경을 뛰어넘는 평안과 기쁨을 회복하게 된다.

복음이신 예수 그리스도의 능력

그런가 하면 세 번째로 바울이 로마서 서두에서 강조하고자 했던 마지막 포인트는 무엇인가? 복음이신 예수 그리스도가 가지신 '능력'을 강조하고 있다. 4절을 보자.

성결의 영으로는 죽은 자들 가운데서 부활하사 능력으로 하나님의

아들로 선포되셨으니 곧 우리 주 예수 그리스도시니라 롬 1:4

로마서 1장 16절에도 이런 말씀이 있다.

내가 복음을 부끄러워하지 아니하노니 이 복음은 모든 믿는 자에게 구원을 주시는 하나님의 능력이 됨이라 먼저는 유대인에게요 그리고 헬라인에게로다 롬 1:16

복음이신 예수 그리스도께서 가지신 능력을 강조하는 말씀들이다. 나는 이 부분을 생각하면서 자꾸 머릿속에 이 말씀이 떠올랐다.

베드로가 이르되 은과 금은 내게 없거니와 내게 있는 이것을 네게 주노니 나사렛 예수 그리스도의 이름으로 일어나 걸으라 하고 행 3:6

베드로와 요한이 성전에 올라가는데 날 때부터 걷지 못했던 걸인이 베드로에게 동전을 구걸했다. 그런데 베드로는 동전이 없어서 이렇게 말할 수밖에 없었다.
"은과 금은 내게 없지만 나사렛 예수 그리스도의 이름으로 일어나 걸으라."
그랬더니 놀라운 결과가 나타났다. 7절을 보자.

오른손을 잡아 일으키니 발과 발목이 곧 힘을 얻고 뛰어 서서 걸으며 그들과 함께 성전으로 들어가면서 걷기도 하고 뛰기도 하며 하나님을 찬송하니 행 3:7,8

나는 이 장면이야말로 오늘 현대 교회가 반드시 회복해야 할 모습이라 생각한다. 교회의 변질은 은과 금이 너무 많아져서 더 이상 예수 이름의 능력을 의지하지 않아도 되는 상태에서 시작된다. 예수 이름의 능력이 나타나지 않아도 '은과 금'이 많기 때문에 불편함이 느껴지지 않는 상태가 변질인 것이다.

이 시대에 목사로 살아가는 것이 고통인 이유가 여기에 있다. 누가 내 얼굴에 침을 뱉고, 손가락질해서 고통이 아니다. 강단에서는 하나님의 복음이 가장 중요하다고 떠들면서 실제적으로 교회에 필요한 것은 은과 금이라고 생각하는 이 변질된 생각에서 벗어나야 한다. 그래서 복음이 가진 원래의 능력, 평생 일어서지 못하던 한 인생이 일어나 걷기도 하고, 뛰기도 하는 그 복음의 능력이 회복되어야 한다. 그래서 복음의 능력으로 변화된 기쁨을 노래하는 일들이 일어나야 한다.

복음이 가져온 놀라운 변화

사실 기독교 역사 가운데 로마서를 통해 놀라운 변화들이 수없이 일어났다. 그 대표적인 예가 어거스틴과 종교개혁가 마틴 루터, 요한 웨슬레이다. 로마서와 관련된 책을 읽다보면 이 세 사람의 이야기는 빠지지 않고 꼭 등장한다.

그중에서도 특히 어거스틴의 드라마틱한 변화는 우리 모두를 감동시킨다. 젊은 시절 방탕했던 그는 어머니 모니카 눈에 많은 눈물을 흘리게 했는데, 그러던 그가 어느 날 로마서 13장 13,14절 말씀을 접했다.

낮에와 같이 단정히 행하고 방탕하거나 술 취하지 말며 음란하거나 호색하지 말며 다투거나 시기하지 말고 오직 주 예수 그리스도로 옷 입고 정욕을 위하여 육신의 일을 도모하지 말라 롬 13:13,14

이 한 말씀으로 방탕했던 어거스틴은 단번에 변화되어 우리가 존경해 마지않는 성인(聖人)의 자리에 이르게 되는데, 훗날 그가 기록한 글을 보면 당시의 그의 심정이 어떠했는지 알 수 있다.

"더 이상 읽지 않아도 되겠다. 더 이상 읽어갈 필요가 없다. 이 구절을 읽는 중에 갑작스럽게 찬란한 빛이 내 마음을 환하게 비추었고, 그 모든 의심의 먹구름은 말끔히 사라져버렸기 때문이다."

로마서에 나오는 말씀 한 구절을 가지고 어거스틴의 인생이 완전히 변화된 것처럼, 지난 2천 년 내내 그런 역사가 일어났고, 지금도 계속되고 있다. 한 주도 빠짐 없이 내게 이메일이나 전화, 편지를 통해 눈물 가득한 이야기가 전해져온다.

"복음으로 변화가 일어났습니다. 절대로 변할 것 같지 않던 우리 남편이 변화되었습니다. 방황하던 우리 아이가 돌아왔습니다. 하나님 아버지 앞에 감사합니다."

지금 이 시간까지도 감격에 찬 복음의 능력에 대한 증언이 계속 들려오고 있다. 이제 우리 차례이다. 우리가 변화될 차례이다. 로마서를 통해 변화된 무수한 사람들처럼 이제 우리가 로마서에 대한 기대감을 가져야 한다. 그래서 그동안 '황제의 복음' 앞에 정신이 팔려 세상을 좇던 우리 심령에 변화가 일어나 예수 그리스도의 십자가를 통한 '하나님의 복음'이 능력임을 인정하는 일이 일어나게 되기를 꿈꿔야 한다.

"하나님, 저는 오래 예수님을 믿었는데 저에게는 이 복음의 감격이 없습니다. 이제 로마서를 통해 제 안에 식어버린 복음의 감격이 솟구쳐 회복되기를 갈망합니다."

이 기대하고 갈망하는 마음, 이것이 우리가 품어야 할 마음이다.

사도 바울이 로마서 서두에서 강조했던 세 가지, 즉 하나님의 복음과, 복음이 곧 예수 그리스도시란 사실, 그리고 복음이신 예수 그리스도께서 가지신 능력을 기억해야 한다.

이제 이 세 가지 필터를 가지고 로마서를 읽으며 하나님 앞에서 복음에 대한 순수한 감격을 회복할 때 놀라운 은혜와 변화의 역사가 우리 삶에 가득할 줄 믿는다.

로마서 1장 1,2절

1 예수 그리스도의 종 바울은 사도로 부르심을 받아 하나님의 복음을

위하여 택정함을 입었으니 2 이 복음은 하나님이 선지자들을 통하여

그의 아들에 관하여 성경에 미리 약속하신 것이라

복음의 감격과 사명

1장에서 우리는 바울이 인사말을 길게 늘리면서까지 복음 되신 예수 그리스도와 그분의 능력에 대해서 강조하고 싶어 했다는 부분을 살펴보았다. 이제 여기서는 로마서 1장 1절에 나오는 세 가지 단어를 중점적으로 살펴보려고 한다.

로마서 1장 1절에서 바울은 자신을 이렇게 소개한다.

예수 그리스도의 '종' 바울은 '사도'로 부르심을 받아 하나님의 복음 을 위하여 '택정함'을 입었으니 롬 1:1

내가 살펴보고 싶은 세 단어는 '종', '사도', '택정함'이다. 이 세 단 어를 자세히 살펴보는 것은 의미 있는 일이라 생각한다. 왜냐하면

이 단어들 속에는 예수 믿는 우리들이 어떤 마음의 중심을 가지고 살아야 하는지 그 의미가 함축적으로 담겨 있기 때문이다. 이번 장에서는 이 단어 중에서 특히 '종'과 '사도'에 대해서 살펴보자.

예수 그리스도의 종 바울

먼저 바울의 자기 이해와 관련된 세 단어 중에서 첫 번째 단어인 '종'이란 단어에 대해서 살펴보자.

바울은 1절에서 자기 스스로를 '예수 그리스도의 종 바울'이라고 묘사하고 있다. 사실 바울의 이 표현에 대해 지금 우리가 받아들이는 느낌과 당시 1차 수신자였던 로마의 성도들이 받아들이는 느낌은 완전히 다르다. 우선 '종'이라고 번역된 이 단어는 헬라어 원어로 보면 '둘로스'인데, 이것은 '종'이라기보다는 '노예'라고 번역해야 좀 더 정확한 뉘앙스를 표현할 수 있다.

당시 노예들은 지금 우리가 생각하듯 잔심부름이나 해주는 일꾼 정도가 아니었다. 인격이 말살되고 짐승과 똑같은 취급을 당하던 자들이 그 당시 '둘로스'였다. 혹시 이런 말을 들어보았는가?

"노예와 당나귀는 주인을 위해 노동한다는 점에서는 공통점이 있지만, 노예는 말을 할 줄 알고 당나귀는 말을 하지 못한다는 차이가 있을 뿐이다."

이 문장 하나만 봐도 당시 노예가 어떤 취급을 받았는지 알 수 있다. 한 마디로 당시 노예들은 그야말로 주인의 재산의 일부였을 뿐, 인권은 물론이고 인격이라는 게 아예 상실된 상태였다.

그런데 바울은 어떻게 이렇게 끔찍한 단어인 '둘로스'로 자신을 소개할 수 있는가?

사실 사도행전 22장 3절에서 바울은 자기 자신을 '가말리엘의 문하'라고 밝힌다. 이것이 얼마나 대단한 일인지는 유대인 출신의 목사인 요셉 슐람(Joseph Schulam)의 설명을 들어보면 안다. 그 당시 가말리엘은 사회에서 엄청나게 존경 받던 율법학자였기 때문에 수많은 사람들이 그를 추종하며 그의 제자가 되기를 원했는데, 가말리엘이 워낙 엄격하다 보니 원한다고 아무나 제자가 될 수 있는 상황이 아니었다고 한다.

그 어려운 가말리엘의 제자라고 하니, 그 이력 하나만으로도 학자로서 바울의 위상이 어떤가를 알 수 있는 것 아닌가? 그러니 자기가 누군지 잘 모르는 로마에 있는 성도들에게 편지를 쓸 때, '나는 가말리엘의 문하에서 배운 학자'라고 소개하는 것이 이후에 자기가 피력할 내용들에 대한 공신력을 얻는 데 훨씬 유리했을 것이다. 그런데 그런 것은 다 생략하고 뜬금없이 "나는 예수 그리스도의 노예이다"라고 하니, 그 편지를 받는 로마교회 성도들 입장에선 얼마나 당황스러웠겠는가?

이런 바울의 자기 비하가 사람들을 당황하게 만들었는지는 모르겠지만, 나는 바울의 이런 지나친 자기 비하의 모습에서 예수님의 모습을 발견한다.

빌립보서 2장을 보자.

너희 안에 이 마음을 품으라 곧 그리스도 예수의 마음이니 그는 근본
하나님의 본체시나 하나님과 동등됨을 취할 것으로 여기지 아니하시
고 오히려 자기를 비워 종의 형체를 가지사 사람들과 같이 되셨고 사
람의 모양으로 나타나사 자기를 낮추시고 죽기까지 복종하셨으니
곧 십자가에 죽으심이라 빌 2:5-8

놀라운 건 7절에서 '종의 형체'라고 할 때 '종'의 원어가 '둘로스'란
것이다. 바울이 자신을 아무런 권리가 없는 노예, 즉 '둘로스'라고
표현할 수밖에 없었던 이유를 알 수 있지 않은가? 예수 그리스도께
서 자기를 비워 종의 형체를 가지셨는데 그분의 제자인 우리가 가
져야 할 도리가 무엇이겠는가? 진실로 예수 그리스도를 영접했다면
바울처럼 스스로 낮고 겸손한 자리로 나아가야 한다.
요즘 '갑질'이라는 신조어가 종종 들린다. 권력의 우위에 있는 갑
이 상대적으로 약자인 을에게 부당한 행위를 하는 모든 것을 일컬
어 '갑질'이라고 한다. 다른 건 몰라도 우리가 정말 거듭난 그리스
도인이라면 절대로 '갑질'은 안 된다.

귀 뚫린 종의 의미
이 부분을 좀 더 깊이 살펴보면, 바울이 로마서를 시작하면서 자

기 자신을 둘로스, 즉 '나는 예수 그리스도의 노예'라고 소개하는 메시지 속에 참 중요한 여러 가지 의미가 내포되어 있다. 이런저런 자료를 찾아보니 상당히 많은 이들이 바울이 말하는 1절의 '종'을 설명하면서 구약의 출애굽기 21장에 나오는 '귀 뚫린 종'의 개념을 가지고 설명하고 있었다.

출애굽기 21장 5,6절을 보자.

> 만일 종이 분명히 말하기를 내가 상전과 내 처자를 사랑하니 나가서 자유인이 되지 않겠노라 하면 상전이 그를 데리고 재판장에게로 갈 것이요 또 그를 문이나 문설주 앞으로 데리고 가서 그것에다가 송곳으로 그의 귀를 뚫을 것이라 그는 종신토록 그 상전을 섬기리라
>
> 출 21:5,6

이 말씀의 배경을 먼저 살펴보자. 그 당시 인권과 권한 다 빼앗기고 짐승 취급을 당하며 살아가던 노예들이었지만, 그들에게는 한 가지 희망이 있었다. 노예 상태가 영구히 계속되는 게 아니란 사실이다.

> 네가 히브리 종을 사면 그는 여섯 해 동안 섬길 것이요 일곱째 해에는 몸값을 물지 않고 나가 자유인이 될 것이며 출 21:2

이것이 그 당시 노예들에게 얼마나 큰 희망의 메시지였겠는가?

'비록 내가 노예로 팔려와 당나귀 비슷한 대우를 받는 비참한 생활을 하고 있지만, 이제 곧 끝나간다. 이 기간이 끝나면 나는 다시 자유를 회복한다!'

그들은 이 소망을 가지고 고통을 견뎌냈을 것이다. 그런데 그 기간이 다 지나고 이제 자유를 되찾을 수 있는 때가 되었는데, 어떤 노예들은 이해가 되지 않는 행동을 했다. 다시 자유를 누릴 권한을 받았지만, 그 자유를 주인에게 반납하고 싶다는 것이다. 자유인이 되는 것을 포기하고 그냥 주인의 집에 머물면서 계속 주인의 노예로 살게 해달라는 이상한 청원을 하는 노예들이 나오는 것이다.

그러면 주인은 그 노예가 어떤 타의나 강압에 의해 이런 말을 하는 것이 아니라 정말 자기 의지로 원한다는 것이 입증되면 그 노예의 귀를 뚫어주었다. 귀 뚫린 종은 얼마든지 자유를 누릴 수 있는 권한이 있지만, 그 권한을 반납하고 스스로 주인의 노예로서 평생 살기로 결단한 노예임을 나타냈다.

상상해보라. 귀를 뚫으려는 주인의 손에 몸을 맡기고 있는 노예의 표정을 말이다. 분노와 울분과 억압으로 꽉 찬 표정이었겠는가? 절대 아닐 것이다. 주인에 대한 은혜와 사랑의 감격이 얼마나 컸으면 자유를 스스로 반납하고 평생 주인의 노예로 살겠다는 결단을 했겠는가? 아마도 두 눈에 감격과 기쁨의 눈물이 고여 있었을지도 모르겠다.

이런 모습을 상상하다가 구약에 나오는 귀 뚫린 종의 개념을 두 가지로 설명할 수 있다는 생각이 들었다. 하나는 감격의 문제이고, 다른 하나는 소속감의 문제이다.

귀 뚫린 종의 개념이 '감격의 문제'라는 게 무엇을 의미하는가? 그 주인이 얼마나 따뜻하게 잘 대해줬으면, 모두가 자기를 당나귀 취급할 때 따뜻하게 거두어주고 격려해준 주인의 사랑에 대한 감격이 얼마나 컸으면 자발적으로 노예 생활을 계속하겠노라고 그렇게 귀 뚫린 종의 자리까지 가겠느냐는 말이다.

그러니 본문에서 바울이 자기를 '예수 그리스도의 둘로스, 노예'라고 소개하는 이 표현 속에는 예수 그리스도의 은혜에 대한 바울의 눈물과 감격이 있는 것이다. 세상이 인정하는 가말리엘의 제자 출신인 것보다 '나는 그저 예수 그리스도에게 은혜를 입은 종이다. 그분의 은혜로 이 자리까지 오게 되었다'라는 그 감격이 바울에게 더 소중했던 것이다.

로마서 5장 8절에서 바울의 이 감격을 한번 느껴 보라.

우리가 아직 죄인 되었을 때에 그리스도께서 우리를 위하여 죽으심으로 하나님께서 우리에 대한 자기의 사랑을 확증하셨느니라 롬 5:8

이 구절이 어떻게 읽히는가? 이 말씀을 논리로 읽으면 안 된다. 이것은 바울의 눈물이다. 다메섹 도상에서 예수님을 만나기 전까지 용서할 수 없는 죄를 저질렀는데, 예수 그리스도를 박해하고 예수 믿는 사람들을 핍박하는 천인공노의 죄를 저질렀는데…, 용서받지 못할 나 같은 사람을 거두어주신 주님. 그뿐만 아니라 예수 그리스도를 영접한 이후에 주의 복음을 전하는 과정에서 겪어야 했던 수많은 고난과 고통의 시간 속에서 한결같은 사랑으로 나를 살펴주신 주님. 그 주님이 자기 인생의 주인이시라는 감격의 눈물이 배어 있는 것이 바로 로마서 5장 8절이다.

오늘날 교회 안에서 일어나는 문제들의 핵심은, 바로 이 감격이 사라져버린 채 명맥만 유지하는 데서 일어나는 비극이다. 나는 두바이에서 TV 화면을 통해 감격에 찬 윤복희 권사님의 표정을 보며 잠을 못 이루고 눈물을 흘렸다. 그리고 그날 밤에, '바울의 이 감격이 회복되기 전에 로마서를 설교하지 않아서 다행이다'라는 생각이 들었다. 아무리 내가 로마서를 면밀히 잘 분석하고 사람들의 혀를 내두르게 할 메시지를 전한다 해도, 로마서 1장 1절에 담긴 바울의 그 감격이 빠진 채로 설교하면, 그건 엉터리 설교이다.

토미 테니(Tommy Tenney)가 쓴 《종의 마음》이란 책에 이런 표현이 나온다.

"섬김의 정신은 배우는 것이 아니라 불붙는 것이다."

토미 테니의 이 말이 내 마음에 많은 도전을 주었다. 이론과 논리로 배워서는 낮아지는 자리로 갈 수 없다. 은혜에 대한 감격, 나 같은 죄인을 구원해주신 하나님의 뜨거운 사랑에 대한 눈물, 이것이 자발적인 종이 되어 낮은 자리로 갈 수 있게 만드는 능력이라는 것이다.

그렇기 때문에 우리는 아픈 마음으로 우리 자신을 돌아봐야 한다. 어떻게 하다가 이렇게 다 식어빠진 감격 없는 신앙생활을 하게 되었는지, 어떻게 하다가 이렇게 날카로워지고, 어떻게 하다가 이렇게 메마르고 삭막한 마음을 가지고 신앙생활 하게 되었는지 돌아봐야 한다.

소속감을 나타내는 귀 뚫린 종

그런가 하면, 귀 뚫린 종의 개념이 중요한 것은 이것이 '소속감의 문제'를 내포하고 있기 때문이다.

당시 주인을 섬긴 지 일곱째 해가 된 종이 선택할 수 있는 것은 둘 중의 하나였다. 정든 주인을 떠나 자유를 누리든지, 아니면 자유를 반납하고 주인의 슬하에 머무는 종이 될 것인지. 이 둘 중에서 후자를 택하는 종이 귀 뚫린 종 아닌가? '비록 내가 자유를 반납하는 한이 있어도 나는 이 주인의 소속에서 벗어나지 않겠다'라는 결연한 의지를 가진 사람만이 할 수 있는 게 귀 뚫린 종이라는 것이다.

그렇기 때문에 본문에서 바울이 자기 자신을 '나는 예수 그리스도의 종이다'라고 소개한 이 표현 속에는 '나는 예수 그리스도에게 소속된 하나님의 사람'이라는 의지적인 표현이 담겨 있는 것이다.

신앙인에게 '소속'의 문제는 중요한 의미이다. 소속의 문제는 그 사람의 육체가 어디에 머물러 있느냐의 문제이기보다, 그 사람이 어디에서 영향을 받느냐의 문제이다. 우리는 종종 '나는 어디에 소속된 사람인가'를 물어야 한다.

예를 들어보자. 몇 년 전 우리나라를 발칵 뒤집어놨던 한 소년이 있었다. 이슬람 무장단체인 IS에 가입하기 위해 터키로 갔다가 실종된 김모 군이다. 사춘기의 철없는 소년은 트위터에 "IS에 가입하고 싶다"는 메시지를 남겼고, IS 멤버로 추정되는 누군가로부터 "터키로 와라. 안내해주겠다"라는 메시지를 받고 터키로 갔다가 실종됐다.

당시 그 뉴스를 볼 때 내게도 비슷한 또래의 자녀가 있었기 때문에 그 부모의 심정은 어떨까 싶으면서 참 마음이 아파 문득문득 기도가 나오곤 했다. 그 아이의 비극은 무엇인가? 겉으로 보기에 그 아이는 부모의 영향력 아래 있었다. 부모와 한 지붕 아래 살았고, 한솥밥을 먹었으며, 함께 대화도 나누었지만, 사실 부모의 영향은 받지 않고 누구의 영향을 받았는가? 듣도 보도 못한 포악한 테러집단의 영향을 받은 것이다. 이것이 너무 가슴이 아팠다.

이런 극단적인 경우가 아니더라도, 오늘 우리 가정 안에 부모와 자녀 사이의 비극이 무엇인가? 아이들이 부모의 영향력 아래 있지 않다는 것이다. 한 집에 살면서 저녁이 되면 늘 집에 돌아오지만, 그 아이는 지금 세상 가치관의 영향을 받는 것 아닌가? 그러다 보니 지금 부모와 자녀 간의 세대 갈등이 극심한 나라가 되어버린 씁쓸한 현실이 벌어지고 만 것 아닌가?

이런저런 생각을 하다가 문득 내 마음에 바로 이것이 오늘날 신앙생활 하는 우리의 치명적인 문제가 아닌가 하는 생각이 들었다. 하나님 앞에서 우리가 그 철없는 김모 군과 같은 모습 아닌가? 나는 분명히 크리스천인데, 나는 분명 교회에 다니는데, 누가 뭐라고 해도 난 예수 믿는 사람인데, 그러나 실제로 내가 영향을 받는 것은 하나님의 말씀이 아니라 세상의 가치관 아닌가?

이 세상이 우리에게 던지는 메시지는 딱 하나, 하나님에게서 독립하라는 것이다. 하나님의 간섭에서 벗어나라는 것이다. 마귀의 공격 포인트도 이것 아닌가? 하나님과의 관계를 이간질하고, 하나님과의 관계를 단절시키는 것이다.

옛날에 내가 대학교 다니던 시절에 유행했던 노래 중에 '내 인생은 나의 것'이란 노래가 있다.

내 인생은 나의 것 내 인생은 나의 것 그냥 나에게 맡겨주세요
내 인생은 나의 것 내 인생은 나의 것 나는 모든 것 책임질 수 있어요

우리가 다 지금 하나님 앞에 이런 떼를 부리고 있는 모습은 아닌가? 김 군이라는 아이가 터키에 보내달라고 했을 때, 부모가 그냥 아이가 하는 말 한 마디에 알았다고 비행기 표를 끊어주었겠는가?

정신 차리라고 야단도 치고, 매도 들고, 타이르기도 해보지 않았겠는가? 그러나 무슨 처방을 내려도 통하지 않았을 것이다. 왜 그랬을까? 그 아이는 이미 부모의 영향이 아니라 IS라고 하는 테러집단의 영향을 받고 있었기 때문이다.

"엄마는 왜 날 어린애 취급하는 거야? 왜 나를 못 믿어? 내 인생은 내가 알아서 할 거야!"

그렇게 어깃장을 놓고 결국 터키로 떠난 그 아이는 어떻게 되었는가? 그 인생을 알아서 잘 살고 있는가? 그 아이가 겪었을 고통과 비참한 종말을 생각하면 마음이 너무 아프다.

스스로 생각하는 시대

오늘 우리의 영적 전쟁은 다른 게 아니다. 우리가 누구의 영향을 받느냐의 문제이다. 왜 자꾸 우리가 하나님의 영향력을 벗어나 이 세상의 가치관 속에서 그 영향을 받고 있느냐는 것이다.

이런 차원에서, 바울이 자기 인생을 BC와 AD, 즉 예수님을 만나기 이전과 이후로 구분하는 것을 볼 수 있다. 사도행전 26장을 보면 바울은 자신의 이전 상태를 이렇게 고백한다.

나도 나사렛 예수의 이름을 대적하여 많은 일을 행하여야 될 줄 스스로 생각하고 행 26:9

바울이 자기 자신을 특징지을 때 예수님을 만나기 이전의 혼미한 상태를 뭐라고 말하는가?

"스스로 생각하고."

이 구절을 보다가 문득 사사 시대가 생각났다. 구약의 사사 시대는 영적으로뿐만 아니라 도덕적, 윤리적으로도 타락의 극치를 달리던 시대였다. 그 시대를 특징짓는 성경의 두 구절을 보라. 성경은 똑같은 말씀을 두 번에 걸쳐서 반복한다.

> 그때에는 이스라엘에 왕이 없었으므로 사람마다 자기 소견에 옳은 대로 행하였더라 삿 17:6

> 그때에 이스라엘에 왕이 없으므로 사람이 각기 자기의 소견에 옳은 대로 행하였더라 삿 21:25

그 혼미한 시대를 특징짓는 게 바로 자기 생각대로, 자기 내키는 대로 살았다는 것이다. 바울도 예수 그리스도를 만나기 이전에 자기 삶의 특징을 '자기 생각대로' 살았던 것이라고 했다. 스스로 '이것이 하나님을 위하는 일이겠거니' 생각하고 예수님을 그렇게 핍박했다는 것이다.

분쟁을 겪고 있는 교회들이 많다. 가슴이 아픈 게 뭐냐 하면, 한쪽은 '진리는 부처님에게 있다' 파, 그리고 다른 한쪽은 '진리는 예수님에게 있다' 파, 이렇게 갈라져서 싸우는 교회를 본 적이 없다는 것이다. 대부분의 경우, 양쪽 다 주님을 뜨겁게 사랑한다. 그리고 주님을 뜨겁게 사랑한다는 그 이유로 끝없이 싸운다. 그러니 이것이 어떻게 가슴 아픈 일이 아니겠는가?

사실 주님을 대충 사랑하면 그렇게 안 싸운다. 사랑하지도 않는 주님을 위해서, 애정도 없는 교회를 위해서 뭐 하러 그렇게 피 토하며 싸우겠는가? 사랑이 있으니까 싸우는 것 아니겠는가? 이것이 어찌 된 일인가? 분명히 자기는 주님을 사랑한다고 고백하면서 왜 바울이 예수 그리스도를 알기 이전의 삶의 양식, 곧 자기 생각에 옳은 대로 행하는 삶의 패턴이 나타나느냐는 것이다.

스스로 생각하지 말고 주님께 질문하라

그래서 우리는 바울이 다메섹 도상에서 했던 두 가지 질문을 계속 주님께 던져야 한다. 첫 번째 질문은 사도행전 22장 8절이다.

내가 대답하되 주님 누구시니이까 하니 (이르시되 나는 네가 박해하는 나사렛 예수라 하시더라) 행 22:8

우리는 끊임없이 주님의 존재를 궁금해하고, 주님의 존재를 알아가려고 노력해야 한다.

두 번째 질문은 사도행전 22장 10절이다.

내가 이르되 주님 무엇을 하리이까 (주께서 이르시되 일어나 다메섹으로 들어가라 네가 해야 할 모든 것을 거기서 누가 이르리라 하시거늘)

· 행 22:10

우리는 행동하기 전에 기도해야 한다. 묵상해야 한다. 주님께 여쭈어야 한다. 주일날 교회에 나와 열심히 봉사하고 잘 섬겼으면, 다음 날 월요일 새벽에 일어나 주님께 여쭈어야 한다.

'주님, 제가 주님을 사랑하는 마음으로 이렇게 봉사하고 저렇게 섬겼는데, 주님 보시기에도 이게 옳은 일인지요?'

아무리 내 생각이 옳고 저 사람의 생각이 틀렸다 싶어도 주님께 소속된 사람은 주님께 의뢰하고 질문해야 한다.

'주님, 제 생각에는 제가 옳은 것 같은데, 주님 보시기에는 어떠신가요? 주님, 제가 무엇을 할까요?'

이 질문이 생략된 크리스천들이 너무 많다. 이런 점에서 나는 확신한다. 한국교회가 살아나기 위한 대안이 있다면, 다시 말씀으로 돌아가야 한다. 내 생각과 내 뜻이 아니라 하나님의 생각과 하나님의 뜻, 하나님의 기준은 어떠한가 말씀으로 돌아가야 한다.

'말씀으로 돌아가자'는 취지에서 분당우리교회에서는 꾸준히 성경 통독 운동을 지속해오고 있다. 많은 성도들이 동참해주어서 참 기쁘고 감사하다. 홈페이지에 매일 읽을 분량의 말씀을 올려놓고 함께 읽고 나누고 그 부분에 대한 강의도 함께 들으면서 서로가 서로를 격려하며 말씀을 읽어가고 있다.

사실 혼자 성경을 꾸준히 읽는 것이 어려운 분들이 많다. 그럴 때는 이렇게 믿음의 지체들과 함께 격려하며 읽어가면 좋을 것 같다. 하다가 놓쳐도 괜찮다. 그 자리에서 다시 시작하면 된다.

그리고 묵상해야 한다. 새벽에 일찍 일어나 하나님 앞에 잠잠히 머무는 큐티로 하루를 시작하는 것이 필요하다. 일어나 주님께 여쭈어야 한다.

'하나님, 오늘 이런 미팅이 있고, 저런 만남이 있는데 하나님의 뜻을 알기 원합니다. 주님, 제가 무엇을 하오리까?'

주님께 의뢰함으로 매일매일 하나님의 뜻을 분별하는 우리가 되기를 바란다. 이것이 '종'이란 단어의 의미이다.

사도로 부르심을 받은 바울

그런가 하면 두 번째로 '사도'란 단어를 살펴보자. 1절 말씀을 다시 보자.

예수 그리스도의 종 바울은 사도로 부르심을 받아 하나님의 복음을 위하여 택정함을 입었으니 롬 1:1

여기 나오는 '사도'는 헬라어로 '아포스톨로스'라는 단어이다. 흥미로운 것은, 이 단어는 그 당시 로마 사회에서 황제로부터 모든 권위를 부여 받은 전권대사(全權大使)라는 뜻으로 통용되던 단어란 것이다. 그런데 바울은 거기에다 예수 그리스도를 넣어 '아포스톨로스'가 황제가 임명하고 황제가 권위를 부여한 전권대사라면, 자기는 '예수 그리스도의 아포스톨로스' 즉 예수 그리스도로부터 전권을 부여받은 '주님의 전권대사'란 말로 자기를 소개하고 있다.

이것은 사명에 관한 이야기가 아닌가? 황제로부터 권한을 부여받은 전권대사가 그 사명을 가지고 황제를 위하여 사역하듯이, 자기는 예수 그리스도로부터 부여받은 사명을 가지고 주를 위해 사역한다는 것이다. 즉, 그 사명의식을 기억하고 있다는 것이다.

바울은 다메섹 도상에서 주님이 자기에게 주신 사명을 늘 인식했다. 사도행전 13장 47절을 보자.

주께서 이같이 우리에게 명하시되 내가 너를 이방의 빛으로 삼아 너로 땅끝까지 구원하게 하리라 하셨느니라 하니 행 13:47

바울이 참 귀한 게, 그는 감정에 들떠서 골방에 들어가 주님 은혜에 감격하여 하염없이 눈물만 흘리면서 자아도취에 빠져 있던 사람이 아니었다. 바울의 균형이 무엇인가? 한편으로는 뜨거운 가슴을 지니고 하나님의 은혜에 대한 감격의 눈물이 늘 마르지 않았지만, 또 다른 한편으로는 냉철하게 자기에게 주어진 사명을 어떻게 하면 잘 감당할 수 있을지 늘 사명을 의식하는 균형이 있었다.

플로렌스 채드윅(Florence Chadwick)이라는 여성이 1951년에 여성으로서는 세계 최초로 영국 해협을 헤엄쳐서 왕복으로 건너는 기록을 세웠다. 이듬해 채드윅은 또 다른 도전을 한다. 미국 캘리포니아 LA 근처의 카탈리나 섬에서 롱비치까지 횡단하겠다고 선언한 것이다. 무려 35킬로미터나 되는 먼 거리이다.

많은 사람들이 흥미를 가지고 이 도전을 지켜봤다. 채드윅이 카탈리나 섬에서 출발해서 무려 열다섯 시간이란 긴 시간을 헤엄치고 있었는데, 불행한 일이 닥쳤다. 전혀 예상하지 못했던 복병인 안개가 드리우기 시작한 것이다. 안개가 얼마나 짙게 드리워졌는지 헤엄을 치다가 도저히 한 치 앞도 분간이 안 되는 상황이 됐다.

눈물을 머금고 채드윅은 도전을 포기하고 배에 올라탔다. 그런데 바로 얼마 뒤 자기 가슴을 칠 수밖에 없었다. 왜냐하면 자기가 포기했던 그 지점이 목표로 한 롱비치 해변에서 불과 800미터 떨어진 곳이었기 때문이다. 얼마나 원통했겠는가? 어느 기자가 물었다.

"왜 실패했다고 생각하십니까?"

그러자 채드윅이 대답했다.

"추위 때문도 아니고, 피곤함 때문도 아니고, 안개 때문에 실패했습니다. 더 정확하게 말하면 안개 때문에 목표를 볼 수가 없었기 때문에 실패했습니다."

채드윅은 두 달 뒤에 다시 도전했다. 공교롭게도 그날, 안개가 더 짙게 드리워졌다. 물은 너무 차가웠다. 하지만 그 난관을 다 이겨내고 드디어 목표에 성공했다. 기자들이 또 물었다.

"이번에는 어떻게 성공할 수가 있었습니까?"

채드윅은 이렇게 대답했다.

"이번에는 제가 마음속으로 목표지점을 보고 있었기 때문에 끝까지 헤엄칠 수 있었습니다."

나는 채드윅의 이야기를 들으면서, 바로 본문의 바울이 채드윅과 같은 사람이란 생각을 했다. 바울의 인생도 한 치 앞을 알 수 없는 안개 같은 인생 아니었는가? 자기 삶에 무슨 일이 일어날지 모르는 불안한 인생 아니었는가?

그런데 바울은 눈에 보이는 육신의 세계만 본 게 아니다. 하나님이 주신 사명을 감당하는 과정에서 하나님은 그에게 목표의식을 주시고, 그 목표를 볼 수 있는 영안을 열어주셨다. 아무리 짙은 안개가 드리워진 인생 같아도, 적들이 자기를 죽이려고 달려들어도 바울이 혼미하지 않을 수 있었던 것은 안개 너머에 있는 목표를 볼 수 있는 영안이 열려 있었기 때문이다.

아무리 예수를 오래 믿은들 무슨 소용이 있는가? 영안이 안 열려졌는데. 우리에게도 바울처럼 혼미한 인생 너머의 목표를 볼 수 있는 눈이 뜨이는 은혜가 있기를 바란다. 이것이 사명이 주는 힘이다.

사명과 관련하여 유명한 타이타닉 호에서 있었던 이야기로 결론을 맺으려고 한다. 1912년 4월 14일, 승무원과 승객 2,200여 명이 타이타닉 호를 타고 항해하는 가운데 암초를 만나 그만 1,500여 명이 사망하는 대 참사가 벌어졌다. 언젠가 이와 관련한 글을 읽다가 감동을 받은 적이 있는데, 그 배에 탔던 사람들의 생존율에 관한 내용이었다.

한번 상상해보라. 이런 절체절명의 위기를 만나면 체력 좋고 발빠른 사람이 먼저 달려가 구명보트를 차지하는 게 당연한 것 아닌가? 그럼 남자들이 더 유리할 텐데, 그 통계를 보고 참 놀랐다. 어린이 생존율이 51퍼센트였고, 여성의 생존율이 무려 74퍼센트였다. 그에 비해 남성의 생존율은 20퍼센트밖에 안 됐다. 참 독특하지 않은가? 오히려 그 반대가 되어야 할 것 같은데 말이다.

어떻게 이럴 수 있었나 자료를 찾아보니, 그 급박한 순간에 선장이었던 에드워드 스미스(Edward Smith)가 외친 한 마디 때문이었다고 한다. 아비규환 속에 모두가 당황하여 우왕좌왕할 때 선장은 이렇게 외쳤다고 한다.

"Be British!"(영국인다워라!)

이것이 그렇게 감동이 되었다. 오늘날 혼미한 대한민국 교회 안에 이렇게 선포할 선장이 나와야 될 것 아닌가?

"Be Christian! 크리스천다워라! 크리스천답게 행동하라!"

이렇게 외쳐야 할 누군가가 있어야 하는 것 아닌가? 그 내용을 읽으면서 나 자신을 돌아봤다. 그러면서 하나님께 간절히 기도했다.

'하나님, 정말 제가 그런 상황에서 부끄럽지 않은 목사가 되게 해주세요. 목사답게, 크리스천답게 살게 해주세요.'

우리 세상에서 비굴하게 살지 말자. 초라하고 시시하게 살지 말자. 크리스천답게 살고 행동하는 하나님의 사람이 되자.

"내가 하나님의 사람이야. 나는 하나님에게 귀 뚫린 하나님의 종이야. 나에겐 이 사명이 있어. Be Christian!"

우리 모두 이런 사명의식과 정체성을 가지고 살아가는 멋진 크리스천이 되기를 바란다. 그래서 이 사명이 우리를 고상한 하나님의 사람으로 만들어주는 능력이 됨을 맛보고 경험하는 은혜가 있기를 바란다.

로마서 1장 1-7절

1 예수 그리스도의 종 바울은 사도로 부르심을 받아 하나님의 복음을 위하여 택정함을 입었으니 2 이 복음은 하나님이 선지자들을 통하여 그의 아들에 관하여 성경에 미리 약속하신 것이라 3 그의 아들에 관하여 말하면 육신으로는 다윗의 혈통에서 나셨고 4 성결의 영으로는 죽은 자들 가운데서 부활하사 능력으로 하나님의 아들로 선포되셨으니 곧 우리 주 예수 그리스도시니라 5 그로 말미암아 우리가 은혜와 사도의 직분을 받아 그의 이름을 위하여 모든 이방인 중에서 믿어 순종하게 하나니 6 너희도 그들 중에서 예수 그리스도의 것으로 부르심을 받은 자니라 7 로마에서 하나님의 사랑하심을 받고 성도로 부르심을 받은 모든 자에게 하나님 우리 아버지와 주 예수 그리스도로부터 은혜와 평강이 있기를 원하노라

3

chapter

따로 구별된 인생으로 부르셨다

이번 장에서는 앞 장에 이어 로마서 1장 1절에 나오는 세 단어 중에서 세 번째 단어인 '택정함을 입다'에 대해서 살펴보려고 한다.

1장 1절을 다시 보자.

> 예수 그리스도의 종 바울은 사도로 부르심을 받아 하나님의 복음을 위하여 택정함을 입었으니 롬 1:1

여기 나오는 '택정함을 입다'라는 단어는 헬라어로 '아포리조'인데, 이 단어는 '따로'라는 뜻을 가진 전치사 '아포'와 '정하다'라는 뜻을 가진 동사 '호리조'의 합성어이다. 그렇기 때문에 이 단어는 원래 '따로 떼어놓다', '별도로 구별하다'라는 뜻을 가지고 있다. 이런 맥락에서 로마서 1장 1절을 보다 원어에 가깝게 번역해서 읽으면 다음과 같다.

"하나님의 복음을 위하여 따로 구별되어 부름 받은 사도, 그리스도 예수의 종 바울은."

나는 사도 바울이 하나님의 종으로서 그렇게 당당하고 멋진 삶을 살 수 있었던 비결이 스스로에 대한 이런 인식 때문이었다고 생각한다.

"나는 하나님이 이러이러한 일에 쓰시려고 따로 구별해놓은 존재이다!"

이런 자기 인식이 있었기 때문에 바울은 누가 뭐라고 해도 당당하게 자기 길을 걸어갈 수 있었던 것이다. 코카콜라의 회장이 했다는 유명한 말이 있다.

"내 혈관 속에는 피가 아니라 코카콜라가 흐르고 있다."

자기가 하고 있는 일에 대한 확신을 이렇게 표현한 것이다. 자기가 하고 있는 일에 이렇게까지 확신하고 있는 모습이 부러웠다. 그 이야기를 듣고 나는 하나님께 이런 기도를 드렸다.

"하나님, 하나님이 이 일을 위하여 저를 따로 떼어 구별하셨음을 깨닫기 원합니다. 이 일에 쓰시려고 저를 이 세상에 보내셨다는 확신을 가지고 목회하기를 원합니다."

이 기도를 드렸던 때가 삼십 대 때였다. 감사하게도 오십 대가 된 지금, 나도 코카콜라 회장처럼 이렇게 고백할 수 있다.

"내 혈관 속에는 피가 흐르는 것이 아니라 예수 그리스도가 흐르고 있습니다. 내 혈관 속에는 예수 그리스도가 주신 사명이 흐르고 있습니다."

우리 모두에게 이런 자기 확신이 있다면 우리 삶이 얼마나 행복하겠는가? 바울은 이 사실을 깨달아서 그렇게 확신에 찬 인생이 될 수 있었다.

하나님의 부르심을 언제 깨달았는가?

그런데 여기서 중요한 것이 있다. 바울이 언제 이것을 깨달았느냐 하는 시차의 문제이다. 갈라디아서 1장 15절에서 바울은 이런 고백을 한다.

그러나 내 어머니의 태로부터 나를 택정하시고 그의 은혜로 나를 부르신 이가 갈 1:15

여기 나오는 '택정하시고'가 본문 1절에 나오는 '아포리조'와 같은 단어이다. 그러니까 하나님께서 이 일을 위하여 바울을 따로 구별하여 택정해놓으신 일이 언제였는가? 그가 이 세상에 태어나기 전부터, 어머니 배 속에 있을 때부터 하나님은 확정하고 계셨다고 한다. 그런데 바울이 그것을 자각한 것은 언제인가? 다메섹 도상에서 예수 그리스도를 만난 이후이다.

이 시차가 느껴지는가? 바울이 왜 그토록 오래 방황할 수밖에 없었는지에 대한 이유를 여기서 찾을 수 있다. 하나님께서 미리 정하신 역할과 사명을 깨닫지 못한 데서 비롯된 방황이었던 것이다.

인생은 바로 이 시차의 문제이다. 빨리 깨달으면 인생이 그만큼 빨리 윤택해지는 것이고, 무덤에 갈 때까지 못 깨달으면 혼미하게 살다가 그대로 끝내는 것이다.

우리가 잘 아는 예레미야 선지자도 마찬가지 아닌가? 예레미야 1장 4,5절을 보자.

여호와의 말씀이 내게 임하니라 이르시되 내가 너를 모태에 짓기 전에 너를 알았고 네가 배에서 나오기 전에 너를 성별하였고 너를 여러 나라의 선지자로 세웠노라 하시기로 렘 1:4,5

하나님이 바울에게 하신 것과 같은 말씀을 하고 계시지 않는가? 그런데 그 사실을 인식하지 못하던 예레미야가 하나님의 이런 확신 앞에 어떻게 반응하는가? 6절을 보자.

내가 이르되 슬프도소이다 주 여호와여 보소서 나는 아이라 말할 줄을 알지 못하나이다 하니 렘 1:6

하나님께서는 확신을 가지고 예레미야에게 사명을 주시는데, 정작 본인은 그 가슴 벅찬 하나님의 꿈과 비전이 슬프게 들리는 것이다. 하나님의 뜻을 모르면 하나님의 말씀이 임하지 않아도 슬프고, 임해도 슬프다.

이는 모세도 마찬가지다. 출애굽기 3장 9절을 보라.

> 이제 가라 이스라엘 자손의 부르짖음이 내게 달하고 애굽 사람이 그들을 괴롭히는 학대도 내가 보았으니 이제 내가 너를 바로에게 보내어 너에게 내 백성 이스라엘 자손을 애굽에서 인도하여 내게 하리라
> 출 3:9,10

이 말씀의 배경을 다 알지 않은가? 하나님께서는 지금 애굽의 압제로 신음하는 이스라엘 백성을 구원해내기로 작정하셨다. 그리고 그 일을 행하는 과정에서 모세를 지도자로 선택하셨다. 그런데 그 하나님의 뜻을 모르니까 모세가 뭐라고 응수하는가?

> 모세가 하나님께 아뢰되 '내가 누구이기에' 바로에게 가며 이스라엘 자손을 애굽에서 인도하여 내리이까 출 3:11

공교롭게도 모세 또한 예레미야와 동일한 반응을 보이고 있다. 이것이 바로 시차의 문제란 것이다.

오늘 우리는 어떤가? 하나님께서는 우리가 어머니의 배 속에 있기

전부터 '이 일'을 위하여 우리를 택정하사 이 땅에 보내주셨는데, 우리가 만날 하는 소리는 무엇인가? 모세처럼 "내가 누구이기에 그런 일을 할 수 있습니까?"라고만 하고 있지 않은가?

중요한 것은, 모세나 예레미야처럼 혼미한 자기 인식을 가지고 있던 이들도 하나님의 손에 붙잡힘 받고 하나님이 그들에게 말씀으로 가르쳐주시자, 나중에는 이 택정함의 비밀을 깨달아 아름답고 위대한 지도자로 쓰임 받았다는 사실이다. 놀랍게 변화된 그들의 모습을 보고 주변 사람들도 놀랐겠지만, 아마도 당사자 본인들이 제일 놀랐을 것이다.

사실, 나도 나에게 좀 놀라고 있다. 어릴 때 두드러진 게 하나도 없던 내가 오늘날 이렇게 쓰임 받고 있다는 게 신기하고 놀랍다. 내가 내 인생에 대해 신기해한다는 게 뭘 의미하는가? 내 힘으로 여기까지 온 것이 아니라는 말이다. 이런 면에서 나는 성도들이 나를 보고 은혜 받기를 원한다.

'야, 아무것도 아닌 이찬수 목사도 저렇게 쓰임 받는 걸 보니 하나님이 정말 대단하긴 대단한 분이시구나! 나도 쓰임 받을 수 있겠구나!'

이처럼 자기 인식을 제대로 하는 것, 이 일을 위하여 쓰시려고 따로 예비해두신 하나님의 택정하심의 비밀을 자각하는 그 순간이 영적으로 철이 드는 순간이다. 이것이 우리가 신앙생활 하면서 꼭 깨달아야 할 중요한 포인트 중 하나이다.

그렇게 오래 예수 믿어왔다고 하면서 "내가 누구기에 그런 일을 할 수 있겠습니까?"라는 소리나 하고 있으면 안 된다. 이제 그 나약한 자리를 떨치고 일어나 나를 향하신 하나님의 택정함의 비밀을 깨달아야 한다.

삶의 의미를 깨달을 때 제대로 살 수 있다

2차 세계대전 때 유태인 수용소인 아우슈비츠에 갇혔다가 극적으로 살아난 정신의학자 빅터 프랭클(Viktor Frankl) 박사가 이런 말을 했다.

"유태인 수용소에서 보니까 몸이 튼튼하고 머리 좋은 사람이 살아남는 것이 아니라, 삶의 의미를 가진 사람이 살아남더라."

이 메시지가 나에게 얼마나 큰 도전을 주었는지 모른다. 우리가 다 빅터 프랭클 박사의 메시지를 마음에 담고 하나님께 구해야 할 것이 이것이다.

"하나님, 저도 제 삶의 의미를 깨닫기 원합니다. 저도 하나님께서 이 일을 위하여 따로 구별된 인생으로 택정하신 하나님의 사람임을 자각하기 원합니다."

자기에 대한 올바른 인식에서부터 제대로 된 인생이 시작되는 것이다. 이 소원이 우리에게 있다면 이사야서 37장 32절의 법칙을 잊으면 안 된다.

이는 남은 자가 예루살렘에서 나오며 피하는 자가 시온 산에서 나올 것임이라 만군의 '여호와의 열심이' 이를 이루시리이다 사 37:32

내 열심이 아니다. 하나님의 열심이 이루실 것이다. 내가 가진 열정, 내가 가진 지식, 내가 가진 그 무엇으로 사는 인생이 아니다. 나는 부족하지만, 나는 자격이 없지만, 나는 리더십이 없지만 이런 나를 향하신 만군의 여호와 하나님의 열심이 나를 택정하여 부르신 그 삶의 목적을 이루실 것이다.

바울은 이 사실을 알았기에 고린도전서 15장 10절에서처럼 확신에 찬 고백을 할 수 있었다.

그러나 내가 나 된 것은 하나님의 은혜로 된 것이니 내게 주신 그의 은혜가 헛되지 아니하여 내가 모든 사도보다 더 많이 수고하였으나 내가 한 것이 아니요 오직 나와 함께하신 하나님의 은혜로라

고전 15:10

이 인생의 법칙을 깨닫게 된다면 지지부진한 우리 삶에 영적인 혁명이 일어날 줄로 믿는다.

생각해보라. 이런 고백을 하며 사는 사람이 어려움 조금 닥친다고 안달복달하며 살겠는가? 이런 확신을 가지고 사는 사람은 고난과 어려움이 닥칠 때, 그것 때문에 혼미해지거나 울분에 빠지지 않

는다. 잠깐 그랬다가도 벌떡벌떡 일어날 수 있는 힘, 만군의 여호와 하나님의 열심이 있기 때문이다. 이 하나님의 열심에 대한 믿음이 우리 삶의 원동력이 되기를 바란다.

그런데 여기서 한 가지, 우리가 중요하게 짚어야 하는 것이 있다. 1절에서 확신에 찬 자기 인생을 피력한 바울이 곧바로 2절부터 예수 그리스도를 등장시키고 있다는 것이다.

> 이 복음은 하나님이 선지자들을 통하여 그의 아들에 관하여 성경에 미리 약속하신 것이라 그의 아들에 관하여 말하면 육신으로는 다윗의 혈통에서 나셨고 성결의 영으로는 죽은 자들 가운데서 부활하사 능력으로 하나님의 아들로 선포되셨으니 곧 우리 주 예수 그리스도시니라 롬 1:2-4

하나님이 미리 따로 구별하여 이 일을 위해 쓰시기로 정하셨다는 '택정함'과 관련하여 확신에 찬 1절을 피력한 직후에 바울은 왜 예수 그리스도를 소개하는가? 바울의 의도가 무엇인가? 자기에게 이 놀라운 사실을 깨닫게 하신 분이 예수 그리스도시란 것이다.

더군다나 바울은 자기 인생을 변화시켜주신 분이 예수 그리스도시란 것을 강조하면서 예수님의 어느 부분을 강조하고 있는가 하면, 4절을 다시 보자.

> 성결의 영으로는 죽은 자들 가운데서 부활하사 능력으로 하나님의
> 아들로 선포되셨으니 곧 우리 주 예수 그리스도시니라 롬 1:4

바울은 지금 예수 그리스도의 십자가, 그리고 예수님의 부활하심을 부각하고 있다.

신앙은 예수님의 어느 부분을 붙잡느냐에 승패가 달렸다. 너무나 많은 성도가 예수님의 본질이 아닌 별책부록을 붙잡고 있다. 교회에 가면 병 고쳐주신다더라, 부자 만들어주신다더라, 자녀 대학 잘 가게 해주신다더라 하는, 하나님나라의 입장에서는 크게 중요하지 않은 것들을 붙잡고 있다. 물론 예수님의 이런 역사하심을 붙잡는 것도 믿음이다. 우리가 이 땅을 살아가는 데 도움을 주시는 분으로서의 예수님을 믿는 믿음도 필요하다. 하지만 이런 것들은 본질이 아니다.

그보다 더 본질적인 것, 내 영혼을 구원해주신 예수 그리스도의 십자가, 그리고 십자가를 통해 죽으셨을 뿐 아니라 죽음의 권세를 이기신 예수 그리스도의 부활하심, 이 본질을 붙잡는 참된 신앙인이 되기를 바란다.

우리가 로마서를 통해 반드시 회복해야 할 것이 있다면, 바로 이 복음의 본질을 붙잡는 것이다. 별책부록만 보면 안 된다. 이것이 본

문에서 발견되는 중요한 포인트이다.

그렇다면 이제 좀 더 구체적으로 우리가 예수 그리스도의 십자가의 은혜로 하나님의 택정하심의 비밀을 자각하게 된다면 어떤 일이 일어나는지 살펴보자. 하나님의 '택정하심의 비밀'을 자각하게 된 바울이 얻게 된 유익을 두 가지로 정리해보았다.

집중력 있는 인생이 되게 한다

첫째로 하나님의 택정하심의 비밀을 깨달은 바울은 그로 인해 '집중력 있는 인생'을 살게 되었다.

> 나는 선한 싸움을 싸우고 나의 달려갈 길을 마치고 믿음을 지켰으니
> 딤후 4:7

> 내가 달려갈 길과 주 예수께 받은 사명 곧 하나님의 은혜의 복음을 증언하는 일을 마치려 함에는 나의 생명조차 조금도 귀한 것으로 여기지 아니하노라 행 20:24

바울의 집중력이 느껴지지 않는가? 혼미한 채로 여기 갔다, 저기 갔다 헤매는 것이 없다. 바울이 집중하여 한 목표를 향해 달려갈 수 있었던 원동력은 바로, 어머니 배 속에 있기 전부터 하나님이 이 일을 위하여 자기를 따로 구별하여 택정하셨다는 그 비밀을 깨달은

데서 나온 것이다. 자기를 향한 하나님의 택정하심을 알고 나자 헷갈리는 게 없는 것이다. 인생은 결국 이 싸움이다.

캐나다 맥길 대학(McGill University)의 신경과학자 제임스 올스와 피터 밀너(James Olds & Peter Milner)가 쥐를 가지고 연구를 하다가, 그만 실수로 전기를 잘못 다뤄 쥐의 뇌 시상하부에 미세한 전기 자극을 흘려보냈다. 의도한 게 아니었다. 그런데 그 미세한 전기 자극이 아마도 쥐의 쾌감을 자극했던 것 같다. 우연히 뇌에 자극을 받아 쾌감을 느낀 쥐들이 자꾸 쾌감을 받은 그 장소로 되돌아가려고 하더라는 것이다.

이에 흥미를 느낀 과학자들은 다른 실험을 진행했다. 지렛대를 설치해놓고 그 지렛대를 밟으면 쥐가 시상하부에 자극을 받아 쾌감을 느낄 수 있도록 해놓고 관찰한 것이다. 그러자 놀라운 일이 벌어졌다. 쥐들이 우연히 발견한 그 쾌감을 다시 느끼기 위해 지렛대를 눌러대는데, 식음을 전폐하고 눌러대더라는 것이다.

그래서 이제는 바닥에 전류가 흐르도록 장치해놓고는 거기에 지렛대를 설치해놓았다. 전류가 흐르는 곳을 지나면 얼마나 고통스럽겠는가? 그런데도 어떤 쥐들은 그 고통을 마다하지 않고 전류가 흐르는 바닥을 지나 지렛대를 눌렀다. 어미 쥐가 갓 태어난 새끼 쥐들을 내팽개치고 계속 지렛대를 두드려대는가 하면, 심지어 한 시간에 무려 7천 번을 두드리다 거품을 물고 쓰러진 쥐도 있었다고 한다.

어떻게 이렇게 인간 세상과 똑같을까? 이것이 오늘 우리 시대의 모습 아닌가? 어쩌다 우연히 쾌락의 길을 잘못 접하고는 거기에 한 번 빠져 들어갔다가 자식이고 가정이고 다 내팽개치고 미쳐 날뛰는 주부, 남편들의 이야기가 하루도 빠짐없이 들려오고 있지 않은가?

그 과학자들은 우연한 실수로 쥐에게 그런 잘못된 자극을 줬지만, 사탄은 악한 의도를 가지고 우리를 이 자극 속에 빠뜨리려고 끊임없이 교활하게 공격하고 있다.

이런 현실이기에 나는 목회자로서 무너진 수많은 가정을 대하면서 억장이 무너진다. 때로는 나도 모르게 감정이입이 되어서는 집에 와서도 한동안 우울하다. 이러다 내가 우울증에 걸릴 것 같다는 생각도 여러 번 들었다.

겉으로 보기엔 너무나 멀쩡한 가정이 들여다보면 남편이나 아내가 그 지렛대를 밟는 데 정신이 팔려서는 황폐해져 있는 경우를 종종 보게 된다. 꼭 실험실의 쥐처럼 자기 역할이고 신분이고 다 망각한 채 전기가 통하든 말든 개의치 않고 지렛대를 향해 달려드는 모습이 너무 부끄럽고 수치스럽다.

하나님의 은혜로 바울이 "내 어머니의 태로부터 나를 택정하시고 그의 은혜로 나를 부르셨다"라는 사실을 고백했던 것처럼, 우리도 시시하게 지렛대나 밟으며 쾌락이나 누리는 인생이 아니라 하나님이 사명을 위해 우리를 따로 구별하여 이 땅에 부르셨다는 그 택정하심의 비밀을 자각하게 되기를 바란다.

우리는 바울을 통해 하나님의 택정하심을 깨달은 인생의 결과를
볼 수 있다. 사명을 깨달으면 쾌락의 지렛대가 더 이상 유혹이 되지
않는다는 것이다.

그래도 감사로 채워지는 이유

몇 년 전 송구영신예배 때 있었던 일이다. 그해, 성도들을 격려하
고 위로해주고 싶어서 교구장들의 추천을 받아 한 해 동안 이런저
런 일로 마음고생하며 수고한 세 가정을 선정하여 송구영신예배 때
앞으로 모시고 기도와 격려도 해드리고 선물도 드리기로 했다.

그때 초청하여 앞으로 모신 가정 중에 젊은 부부가 있었다. 그
부부에게는 아직 어린 아들이 있었는데, 가슴 아프게도 그 어린 아
기에게서 신경모세포종이란 일종의 암이 발견되어 항암 투병 중이었
다. 어린 아들의 투병 과정을 돌보면서 그 젊은 부부가 얼마나 가
슴앓이를 했겠는가? 그날 젊은 부부는 참 많이도 울었다.

시간이 좀 흐른 뒤에 어떻게 지내는지 궁금하여 연락을 했다. 그
러자 아이 엄마에게서 장문의 메일이 왔다. 아이가 생후 50일 되던
무렵 원인 모를 고열로 소아과에 들른 것으로 시작하여 눈물 나는
투병 생활이 담겨 있었다. 어린 아기에게 주사바늘을 꽂는 것만 봐
도 마음이 무너져 내렸던 지난 아픔이 그 메일 속에 고스란히 담겨
있었다.

그 글 중에 내 마음이 울컥하고 눈시울이 붉어진 대목이 있었는

데, 아팠던 시간을 담담하게 피력하던 편지 마지막 부분에서 아이 엄마는 이런 고백을 했다.

"지나지 않을 것 같던 시간이 지나갔고, 슬프고 우울할 것만 같던 시간이 감사로 채워졌습니다. 모두 나열할 수 없을 만큼 많은 감사의 내용이 내 삶에 가득합니다."

이 대목이 내 마음에 큰 감동을 주었다. 어린 아들의 투병 생활 중에 엄마가 누릴 수 있었던 감사가 무엇이었을까?

지금 이 시간에도 많은 성도들이 삶의 고난 가운데서 고통스러워하고 있다. 남편의 외도 때문에, 자녀의 일탈 때문에, 병을 만난 것 때문에, 취업이 안 되는 것 때문에…. 그러나 그 고통 중에서도 무너지지 않으려고 안간힘을 다할 때, 그 과정을 되돌아보니 아픔만 있었던 게 아니라, 거기에 하나님의 은혜가 있었다고 고백한다. 그래서 나의 인생이 감사로 채워졌다고 고백하는 것이다. 너무나 귀하고 아름답지 않은가?

우리가 아프리카로 달려가야만 사명을 감당하는 게 아니다. 오늘 내게 주어진 삶의 무게가 무겁지만, 내게 주어진 현실을 이겨내려고 수고하고 애쓰는 그 모든 몸부림이 사명을 감당하는 것이다. '하나님이 내게 택정함의 비밀을 알려주셨기에 나는 반드시 이 고비를 이겨내야 한다'라며 이를 악물고 견디는 모습이 아름다운 이유가 여기에 있다.

힘들지만 오늘도 우리가 머문 그 자리에서 하나님께서 우리를 따로 구별하여 택정해주신 그 사명을 깨닫고 집중력 있는 인생길로 나아가게 되기를 바란다.

구별된 삶을 살게 한다

그런가 하면 둘째로 하나님의 택정하심의 비밀을 자각하게 된 바울이 누렸던 유익이 무엇인가? 그 깨달음이 바울로 하여금 '구별된 삶'을 살게 했다는 것이다.

나는 로마서 1장 7절 말씀의 뉘앙스가 참 의미 있다고 본다.

로마에서 하나님의 사랑하심을 받고 성도로 부르심을 받은 모든 자에게 하나님 우리 아버지와 주 예수 그리스도로부터 은혜와 평강이 있기를 원하노라 롬 1:7

여기 나오는 '로마에서'라는 표현은 당연히 로마라는 장소를 설명하는 것이다. 그런데 이 단어를 원어로 살펴보면 어떤 독특한 뉘앙스를 발견할 수 있다.

원문을 보면 '로마에서' 앞에 '엔'이라는 전치사가 사용되고 있는데, '엔'이란 전치사는 우리말로 하면 '무엇 무엇으로부터' 혹은 '무엇 무엇에서'라고 해석할 수 있는 말이다. 이 전치사를 고려해서 보면 '엔 로마'가 어떤 뉘앙스로 읽히는가? 당연히 '로마에 있는'이라는 장소적인 의미도 포함되지만, '로마로부터 구별되는'이라는 뉘앙스가 풍기는 것이다.

그러고 보니, 바울은 5절, 6절, 7절에서도 계속 이 '엔'이라는 전치사를 사용했다. 5절을 보자.

그로 말미암아 우리가 은혜와 사도의 직분을 받아 그의 이름을 위하여 '모든 이방인 중에서' 믿어 순종하게 하나니 롬 1:5

여기 보면 '모든 이방인 중에서'라는 표현 앞에 '엔'이라는 전치사가 있어서 이를 테면 '엔 모든 이방인'이라고 되어 있다. 어떤 뉘앙스로 읽히는가? 다른 이방인들과 구별된 존재임을 강조하는 표현인 것이다.

6절 말씀도 마찬가지다.

너희도 '그들 중에서' 예수 그리스도의 것으로 부르심을 받은 자니라 롬 1:6

여기 나오는 '그들' 앞에도 '엔'이라는 전치사가 붙어 있어서 '그들로부터 구별된 상태'임을 강조하는 것을 볼 수 있다.

사실 이런 걸 다 설명할 필요도 없이 7절에 나오는 '성도로 부르심을 받은'이라고 할 때의 '성도'라는 표현 자체가 이런 뜻을 담고 있다. '성도'는 원어로 '하기오스'인데 이는 '성결, 거룩, 구별'이란 뜻으로 사용되는 단어이다.

당시에 로마에 있던 성도들이 비록 성적으로 문란하고 도덕적으로 거룩을 잃어버린 로마 사회에 몸담고 있었지만, 타락한 그 사회에 물들지 않고 그들과 구별되는 거룩한 삶을 사는 존재들임을 강조하는 표현이 바로 7절에 나오는 '성도'란 표현이다.

마찬가지로 나를 표현할 때 '성도 이찬수'라고 한다면 여기에 어떤 의미가 담겨 있는 것인가? 몸은 비록 타락하고 혼미한 이 땅에서 살아가지만, 나는 세상으로부터 구별된 존재, 곧 성도라는 것이다. 우리에게 이러한 자기 인식이 있어야 한다.

혼미한 세상 속에서 구별되기

요즘 영화를 보면 민망할 때가 한두 번이 아니다. 언젠가 선교단체에서 수고하는 후배 목사님들을 격려하기 위해 초청해서 같이 식사도 하고 영화도 함께 본 적이 있다. 그때 함께 본 영화가 어찌나 폭력적이고 성적인 표현이 노골적인지, 영화를 보는 내내 민망하기 짝이 없었다. 영화가 끝나고 후배 목사들에게 얼마나 사과를 했는지 모른다.

나는 그날 새삼 깨달았다. 지금 한국 사회의 젊은이들이 얼마나 난폭한 폭력과 성적인 자극 앞에 노출된 채 살아가고 있는지를. 지금 이 시대는 '문화'란 이름으로 너무나 비정상적이고 자극적인 쾌락을 강요하고 있다. 그러니 이런 타락한 문화 속에서 자극 받으며 살아가는 우리 젊은이들이 어떻게 올바른 가치관을 정립할 수 있겠는가?

그즈음에 우리 교회 자매로부터 긴급한 메일 한 통을 받았던 기억이 있다. 당시 그 자매는 미국 봉사활동 단체에서 공부한 후 6개월간 아프리카로 봉사활동을 떠나는 프로그램에 참여하고 있었다. 요즘 젊은 사람들은 이기적이고 자기밖에 모른다고 걱정하는 시대인데, 젊은 이십 대 자매가 이렇게 이타적인 삶을 사는 것이 얼마나 귀한가? 그리고 세계 각국에서 그런 가치 있는 일을 하겠노라고 모여든 사람들이니 그 자매와 함께하는 사람들은 또 얼마나 고상한 사람들이었겠는가?

그런데 그 메일을 보고 내가 놀랐던 게 뭐냐 하면, 편지에 이런 내용이 있었다.

그렇게 귀한 봉사자들이 모인 모임인데도 불구하고 사귀기 시작하면 남녀가 기숙사의 방을 같이 써요. 굳이 아무 사이가 아니어도 눈이 맞으면 관계를 맺고, 말 그대로 혼돈 속에 제가 덩그러니 있어요.

그 자매가 나에게 긴급 도움을 요청하는 메일을 보낸 까닭은 그 다음에 나왔다. 멤버 중에 한국에서 온 남자가 있었는데, 자기에게 따뜻하게 잘해주었다고 한다. 가족을 떠나 외로운 상황에서, 게다가 세상 경험이 별로 없는 순진한 어린 자매에게 얼마나 고마운 일이었겠는가? 그런데 그 남자에게는 결혼할 여자 친구가 있었다. 그런 사람이 그 자매에게 노골적으로 유혹하며 이런 제의를 하더란다.

저에게 여기 있는 동안만 여자 친구 하지 않겠냐고 제의를 하더군요. 그러니까 두 번째 여자 친구, 세상 사람들이 흔히 말하는 섹스 파트너, 뭐 그런 것 같아요. 저는 아직 남자와 깊게 관계를 가진 적이 없고 또 하나님을 믿기에 성관계는 결혼 후에 사랑하는 한 사람과 하는 것이 당연하다고 생각했어요.

그런 저에게 저런 제의는 당연히 말도 안 되는 것이고, 그래서 딱 잘라 화내며 거절했습니다. 저는 굉장한 사람은 아니지만 한 사람에게 온전히 한 여자로 사랑받을 만한 가치 있는 여자라고요. 그런데 알겠다고 하면서도 능구렁이처럼 계속 다가옵니다. 여자를 수십 명은 더 만나본 것 같아요.

그런 상황에서 내게 도움을 요청하며 보내온 그다음 내용이 참 가슴 아팠다.

문제는, 뭔가 이상한 건 알겠는데 이 사람이 나쁜 사람처럼 안 느껴져요. 그래서 제가 괜히 좋은 사람을 제 잣대로 평가해버리는 것 같은 생각이 들어요. 항상 교회 안에서 부모님 울타리 속에서 지냈던 터라 제가 너무 순진해요. 이런 세상이 있는 줄 미처 몰랐습니다. 위험한 사람이라는 걸 잘 알고, 관계를 진척시키면 남는 건 낮아진 자존감뿐일 거라는 걸 아는데도 끌려요. 조금만 더 있으면 그냥 무너져버릴 것 같아 지푸라기라도 잡는 심정으로 목사님께 글을 남겨요. 딸이라고 생각하시고 따끔하게 한 마디 해주세요.

메일을 읽으며 이 자매가 얼마나 안쓰러운지 마음이 아팠다. 자기 가치관을 지켜내려고 그렇게 몸부림치고 노력하는데도 능구렁이처럼 다가오는 그 형제에게 마음이 흔들리는 것을 어떻게 하면 좋겠는가? 이것이 이 자매만의 문제인가?

오늘날 세상의 가치관은 능구렁이처럼 유혹하면서 대놓고 "나 결혼할 여자가 있다"라고 말한다. 옛날 우리 시대에도 이런 저질들은 있었지만, 최소한의 양심은 있어서 숨기고 그런 짓을 했다. 그런데 요즘은 대놓고 "나 결혼할 여자 있어. 그런데 뭐? 난 너와 그저 성적으로 쾌락을 즐기고 싶은 거다"라고 말한다. 어떤 책임도 지지 말고 그냥 즐기자는 것이다.

이런 로마 문화, 세상 문화에 우리 자녀들이 노출되어 있다. 어떻게 하면 좋겠는가? 그래서 나는 하나님 앞에 간절히 기도한다.

"하나님 아버지, 우리가 로마서의 말씀을 함께 나눌 때 '누가 병 나았다더라, 부자 되었다더라' 하는 별책부록을 붙잡는 신앙이 아니라 복음의 본질, 예수 그리스도의 십자가와 부활하심, 내 영혼을 주장하시는 주님의 복음을 붙잡게 되기를 원합니다. 그래서 이런 타락한 세상과 구별되는 삶을 살아낼 수 있는 힘을 허락해주시기 원합니다."

구별된 존재, 그리고 변화시키는 존재

우리는 타락한 로마의 가치관에 젖어 로마 사람들과 뒤섞여 살고 있는 우리의 모습을 회개해야 한다. 그래서 수많은 타락과 유혹 가운데서도 복음 되시는 예수 그리스도의 본질을 붙잡아 '어머니의 배 속에서부터 이 일을 위하여 따로 구별하사 나를 택정해주신' 하나님의 신비를 경험했기에 나는 변질될 수 없다고, 나는 로마에 몸 담고 있지만 로마에 속한 인생은 아니라고 선포하는 우리가 되어야 한다.

그리고 이 확신을 가지고 세상의 혼란 속에서 휘청대고 있는 우리 자녀들을 가르쳐야 한다.

"네가 그 남자의 유혹을 이겨내는 정도를 목표로 삼지 말고, 그 남자를 변화시켜라. 썩어빠진 가치관을 가진 그 남자가 결혼할 여자에게 얼마나 더럽고 무서운 죄를 짓는 것인지를 자각시켜서 변화시켜라. 네가 로마를 변화시키는 사람이 되어라."

거듭 강조하지만, 이 세상은 쥐를 가지고 실험하며 '쾌락의 지렛대'를 설치해놓은 실험실과 같다. 그 지렛대를 밟으면 지금 당장은 쾌락을 느낄지 모르지만, 그것은 우리가 망하는 길이다.

문제는 우리가 이 사실을 모르는 것이 아니라, 알면서도 이겨낼 능력이 없다는 것이다. 그렇기 때문에 우리는 복음 되신 예수 그리스도를 붙잡아야 한다.

그럴 때, 로마에 있지만 로마로부터 구별되어 로마를 변화시키는 하나님의 사람이 될 수 있다. 이 일을 위하여 하나님께서 우리를 어머니의 배 속에서부터 따로 구별하사 택정하셨다. 이 비밀을 깨달아 집중력 있는 삶, 세상으로부터 구별된 삶을 살게 되기를 간절히 바란다.

로마서 1장 8-14절

8 먼저 내가 예수 그리스도로 말미암아 너희 모든 사람에 관하여 내 하나님께 감사함은 너희 믿음이 온 세상에 전파됨이로다 9 내가 그의 아들의 복음 안에서 내 심령으로 섬기는 하나님이 나의 증인이 되시거니와 항상 내 기도에 쉬지 않고 너희를 말하며 10 어떻게 하든지 이제 하나님의 뜻 안에서 너희에게로 나아갈 좋은 길 얻기를 구하노라 11 내가 너희 보기를 간절히 원하는 것은 어떤 신령한 은사를 너희에게 나누어 주어 너희를 견고하게 하려 함이니 12 이는 곧 내가 너희 가운데서 너희와 나의 믿음으로 말미암아 피차 안위함을 얻으려 함이라 13 형제들아 내가 여러 번 너희에게 가고자 한 것을 너희가 모르기를 원하지 아니하노니 이는 너희 중에서도 다른 이방인 중에서와 같이 열매를 맺게 하려 함이로되 지금까지 길이 막혔도다 14 헬라인이나 야만인이나 지혜 있는 자나 어리석은 자에게 다 내가 빚진 자라

구원의 감격을 흘려보내라

최근 스위스와 일본의 공동 연구진이 국제 학술지 〈행동생태학과 사회생물학〉에 재밌는 연구를 발표했다. 연구 결과가 이렇다.

"군집에서 고립된 개미는 수명이 10분의 1로 줄어든다."

어떤 내용인가 보니까, 연구팀이 일개미를 관찰했는데, 상황별로 일개미가 혼자 있을 때, 두 마리 있을 때, 열 마리가 모여 있을 때 등 다양한 조건에서 관찰했다. 그랬더니 일개미가 홀로 있을 때 수명이 6일밖에 되지 않더라는 것이다. 이에 반해 일개미들이 집단을 이루면 수명이 최대 66일까지 늘어나더라는 것이다.

이유를 알아보니, 개미에게는 '사회위'(社會胃)라고 하는 모이주머니가 있는데, 개미는 먹이를 먹으면 바로 소화하지 않고 사회위라는 모이주머니에 저장해둔다고 한다. 그러다가 배고픈 동료가 더듬이로 그 개미의 입 아래 수염을 자극하면 그 개미는 자기 사회 위에 저장해둔 먹이를 토해 배고픈 동료 개미를 먹인다고 한다. 홀로 된 개미는 동료와의 이런 영양 교환이 이루어지지 않기 때문에 문제가 생긴다는 것이다.

그 기사를 보면서 개미의 지혜에 감탄했다. 더 정확히 말하면 미물에 불과한 개미를 이렇게 설계하신 하나님의 솜씨에 감탄했다. 개미에게 '사회위'라는 장기를 설치해두신 것을 보면서, 하나님께서 원하시는 창조 질서가 무엇인지, 하나님이 우리에게 무엇을 원하시는지를 발견하게 된다.

그 기사에 보니, 일개미에게 적용된 이 원리가 사람에게도 그대로 적용되어 사람도 외로움이 지나치면 목숨마저 위협받을 수 있다고 한다.

사람은 혼자 살 수 없다

시카고대학교의 심리학과 존 카시오포 교수가 미국과학지능협회 연례 학술대회에서 이런 발표를 했다.

"외로움은 노년층의 조기 사망 가능성을 14퍼센트나 증가시킨다."

이분은 2010년도에도 비슷한 발표를 한 적이 있다.

"외로움이 비만보다 조기 사망에 두 배나 큰 영향을 미친다."

이런 자료들을 보면서 깨닫는 것은, 행복해지기 위해서는 반드시 우리의 '대인관계'를 되돌아봐야 한다는 사실이다.

캐나다에 있는 콘코디아대학교 연구진도 비슷한 발표를 했다.

"이민 온 학생이 새로 친구를 사귀지 못하고 외톨이가 되면 심박 변이가 줄어드는 것으로 나타났다."

심박 변이가 줄어들면 심장질환에 걸릴 위험이 커진다고 하는데, 한마디로 외로움은 심장에도 문제를 일으킨다는 것이다.

이런 이야기들의 공통점이 무엇인가? 미물인 개미나 만물의 영장이라고 하는 인간이나 할 것 없이 우리 모두는 '더불어 함께'의 정신이 필요하다는 것이다.

그러면 이런 질문이 가능하지 않겠는가? 왜 혼자서는 안 되고 '더불어 함께'의 정신으로 살아야 되는가? 대답은 간단하다. 이유 없다. 우리는 그렇게 지음 받았다. 하나님께서 피조물을 만드실 때 더불어 함께해야만 살 수 있도록 만드셨기 때문이다.

하나님이 인간을 창조하시는 과정에서 창세기 2장 18절에 "사람이 혼자 사는 것이 좋지 아니하니"라고 하시며 가정이라는 공동체를 만들어주신 것도 같은 맥락 아닌가? 이것이 하나님의 생각이고, 하나님의 설계이다. 하나님이 우리 인간을 그렇게 만드셨다. 통장에 죽을 때까지 쓰고도 남을 만큼 돈이 많아도 관계에서 어려움이 생기면 절대로 행복할 수 없도록 설계되어 있는 존재가 바로 우리 인간이다. 그렇기 때문에 우리의 믿음이 깊어져서 하나님의 창조 질서를 이해하면 할수록 관계의 소중함을 깨닫게 된다.

나는 로마서 1장의 흐름을 보면서도 바로 이 원리를 발견했다. 지금까지 살펴본 것처럼 바울은 로마서 1장 1-7절까지의 긴 인사말을 통해 예수 그리스도와 그분의 복음에 대해 강조하고 있다. 그리고 예수 그리스도와 복음이 자기에게 어떤 영향을 미쳤는지, 어떤 가치관을 갖게 했는지를 피력하지 않았는가? 그런데 바로 그다음 구절인 8절에서부터 바울은 그 눈길을 '로마에 있는 성도들'에게로 돌렸다.

로마서 1장의 원리를 가만히 보니, 가장 먼저 복음 되신 예수 그리스도에게 관심을 기울인다. 그리고는 바로 그다음에 등장하는 것이 '예수 그리스도와 복음으로 변화된 나' 즉 자기 자신이다. 그리고 그다음에 나오는 것이 로마에 사는 성도들에 대한 사랑과 관심의 표현이다. 로마서는 이 원리대로 전개되고 있다. 이처럼 구원의 감격은 다른 사람에게로 흐르게 마련이다.

이 원리를 가지고 이제 복음이 대인관계에 미치는 영향력에 대해 살펴보려고 한다. 다섯 가지 질문 형식으로 살펴보자.

사람으로 인한 감사가 있는가?

복음이 대인관계에 미치는 영향력과 관련한 첫 번째 질문이다.
"나에게는 '사람으로 인한 감사'가 있는가?"
8절을 보자.

먼저 내가 예수 그리스도로 말미암아 너희 모든 사람에 관하여 내 하나님께 감사함은 너희 믿음이 온 세상에 전파됨이로다 롬 1:8

바울은 로마교회 성도들을 만나본 적이 없다. 한마디로 낯선 사람들이다. 그런데도 그 생면부지의 로마 성도들을 생각하면서 하나님께 감사한다는 게 뭘 의미하는 것인가?

알다시피 바울은 다메섹 도상에서 변화 받기 전까지만 해도 예수 믿는 사람들을 증오했던 사람이다. 잡아 죽이기를 원했고, 원수라 생각했다. 분노의 대상이었다. 그랬던 바울의 마음이 어떻게 이렇게 녹아서 보지도 못한 로마 성도들을 향해 감사와 사랑이 흘러넘치게 됐는가? 어떻게 이런 일이 가능한가?

다른 비결은 없다. 그것이 신앙의 원리이다. 내 안에 복음이 자리 잡으면, 그래서 예수 그리스도의 십자가 감격이 회복되면 강퍅했던 마음이 녹고 모든 사람을 향한 사랑과 감사의 마음이 흘러나오게 되어 있다.

그래서 우리가 지금 신앙생활을 제대로 하고 있는지 점검할 수 있는 첫 번째 잣대가 바로 이것이다. 나는 무엇으로 인해 감사가 나오는가?

돈 많은 것 때문에 감사하는가? 좋은 차 때문에 감사하는가? 바울처럼 사람으로 인한 감사가 있어야 한다. 바울이 예수님을 만나고 결정적으로 변화된 것이 바로 사람을 소중히 여기는 마음이 생긴 것이다.

바울이 감옥에서 썼다는 빌레몬서 1장 7절을 보라.

형제여 성도들의 마음이 너로 말미암아 평안함을 얻었으니 내가 너의
사랑으로 많은 기쁨과 위로를 받았노라 몬 1:7

감옥 안에서조차 바울은 사랑으로 인한 감사와 감격이 넘쳤다.
바울이 달리 부러운 게 아니라, 그가 감옥 안에서조차 행복을 잃지
않은 비결이 사람을 향한 사랑에 있었다는 점에서 부럽다. 빌립보
서 4장 1절도 보자.

그러므로 나의 사랑하고 사모하는 형제들, 나의 기쁨이요 면류관인
사랑하는 자들아 이와 같이 주 안에 서라 빌 4:1

도대체 우리의 기쁨은 무엇인가? 우리 인생의 면류관이 뭐라고 생
각하는가?

나는 종종 이 질문을 내 목회를 점검하는 잣대로 삼는다. 만약
내가 "사람이 몇 명 모이나, 교회 예산의 규모는 어느 정도인가" 같
은 것을 목회의 성공 여부를 점검하는 잣대로 삼는다면 나는 아주
유치한 사람이다.

"나는 사람으로 인한 기쁨이 있는가? 나는 성도로 인하여 행복한

가? 성도가 성숙해지고 말씀으로 성장해가는 과정을 보면서 내 마음에 하나님의 기쁨이 흘러넘치는가?"

바로 이런 사람을 소중히 여기는 마음이 목회를 점검하는 잣대가 되어야 할 뿐 아니라 신앙생활의 건강성을 보여주는 척도가 되어야 한다.

만남의 축복을 누리는 은혜

내가 청년들을 대상으로 말씀을 전할 때면 거의 빠지지 않고 하는 말이 있다.

"우리 인생에서 가장 중요한 것 중에 하나는 만남의 축복이다."

언젠가 우리 교회 대학부 연합 수련회에서도 같은 맥락의 말씀을 전했다.

"여러분이 캠퍼스에서 하나님께 받아야 할 축복이 여러 가지 있지만, 그중에 받아야 할 가장 중요한 축복은 만남의 축복입니다. 무슨 대학, 무슨 과를 나왔느냐보다 그 대학에서 내가 누구를 만났느냐, 이것이 가장 중요합니다."

집회 차 지방에 내려갔다가 그 지역의 대학교 캠퍼스를 한 2시간 정도 걸었던 적이 있다. 모처럼 대학교 캠퍼스를 걷고 있자니 내가 다녔던 학교 캠퍼스가 너무 그리워졌다. 그래서 그 캠퍼스를 거닐면서 학교 다니던 그 시절에 내게 영향을 주었던 선배들, 동기들에게 전화를 걸기 시작했다. 그날 두 시간여를 걸으면서 계속 통화했다.

생각해보라. 내가 다니던 대학교 캠퍼스가 그리워졌는데, 왜 사람에게 전화를 했을까? 대학 시절이 그립다는 건 학교 교정이, 빨간 건물이 그립다는 게 아니다. 그 빨간 벽돌 아래서 내가 누렸던 만남의 축복이 그립고 감사하다는 뜻이다. 캠퍼스에서 내가 만난 믿음의 선배와 동기가 때로는 야단치고, 때로는 칭찬하고 격려하면서 인도해주었던 축복, 그 축복이 내게 늘 기쁨이 되었기에 그날 내가 캠퍼스를 그리워하며 그 분들에게 전화를 건 것이다.

우리가 이 만남의 축복을 누려야 한다. 내 옆에 누가 있느냐가 내 인생을 결정한다. 우리가 복음으로 변화되면 그 무엇보다, 물질이나 환경보다 사람이 소중하다는 것, 사람으로 인해 내게 감사가 흘러나온다는 것을 깨닫게 된다. 우리가 다 하나님 안에서 이 은혜를 누리게 되기를 바란다.

칭찬과 격려가 있는가?

그런가 하면 복음이 대인관계에 미치는 영향력과 관련한 두 번째 질문은 이것이다.

"나에게는 상대방에 대한 '칭찬과 격려'가 있는가?"

8절을 다시 보자.

먼저 내가 예수 그리스도로 말미암아 너희 모든 사람에 관하여 내 하나님께 감사함은 너희 믿음이 온 세상에 전파됨이로다 롬 1:8

로마서는 많은 이들이 인정하는 바와 같이 기독교 교리가 체계적으로 다루어지는 책이다. 교리의 집대성이 로마서 안에서 이루어졌다. 그런데 바울은 교리가 담긴 로마서를 기록하면서 로마에 있는 성도들의 좋은 점을 찾아내어 칭찬하고 격려하는 것으로 말씀을 시작한다.

바울의 이 정신은 12절에서도 나타난다.

> 이는 곧 내가 너희 가운데서 너희와 나의 믿음으로 말미암아 피차 안위함을 얻으려 함이라 롬 1:12

여기서 '피차 안위함'을 영어 성경으로 보니 'to be encouraged together'라고 되어 있다. 다시 말해서 바울이 지금 로마로 가기를 원하는 것은 로마교회의 성도들과 더불어 서로 용기와 격려를 주고받는 일이 하고 싶기 때문이란 것이다.

이런 바울의 모습을 보면, 오늘날 우리의 신앙생활이 너무 딱딱한 것 아닌가 반성이 된다. 나그네 인생길 가운데서 서로 격려하고 칭찬을 주고받는 것이 얼마나 중요한지를 로마서 1장을 통해 다시 한번 자각하게 된다.

고신일 목사님이 쓴 《명품 크리스천》이란 책이 있는데, 그 책에 보니 '격려하라'라는 제목의 장이 있었다. 명품 크리스천이 되고 싶으면 격려해야 한다는 내용이었다. 그러면서 탈옥수 신창원 씨가

했다는 말을 인용하는 부분이 있었다.

"지금 나를 잡으려고 군대까지 동원하며 엄청난 돈을 쓰는데, 나 같은 놈이 태어나지 않는 방법이 있다. 초등학교 때 선생님이 '넌 착한 놈이다' 하고 머리 한 번만 쓰다듬어주셨으면 내가 여기까지 오지 않았을 것이다. 5학년 때 선생님이 '새끼야, 돈 안 가져왔는데 뭐하러 학교 와. 빨리 꺼져' 이렇게 소리쳤는데 그때부터 내 마음속에 악마가 생겼다."

한 인격체가 얼마나 칭찬에 목말라 하는지, 격려 받는 것이 인격 형성에 얼마나 중요한지를 말해주는 대목 아닌가?

그 책에 이런 내용도 나온다. 미국 샌프란시스코에 있는 한 학교에서 재미있는 실험을 했다고 한다. 교장 선생님이 교사 세 명을 불러서 이렇게 말했다.

"여러분은 우리 학교에서 가장 훌륭하고 가장 전문성을 갖춘 교사로 선택됐습니다. 이렇게 탁월한 선생님들을 모시고 우리가 프로젝트를 하나 진행하려고 하는데, 우리 학교 아이들 중에 지능이 가장 뛰어난 학생 90명을 선발해서 특별반을 운영하려고 합니다. 가장 우수한 선생님들이시니 이 우수한 아이들을 잘 지도해주시기를 바랍니다."

그렇게 하고 특별반 세 반을 만들어 각각 선생님들에게 맡겼다. 그런데 사실은 교장 선생님이 거짓말을 한 것이었다. 가장 탁월한 선생님을 뽑은 게 아니라 명단에서 무작위로 세 명을 뽑은 것이었고, 또 90명의 아이들이 가장 지능이 뛰어나단 것도 거짓말이었다. 그냥 평범한 아이들을 모았을 뿐이다.

그런데 어떤 결과가 나타났는지 아는가? 그저 평범한 선생님에게 평범한 학생들이 맡겨졌는데, 그 반의 아이들이 그 지역의 다른 학생들보다 학업 성취도가 20,30퍼센트 더 높게 나오더라는 것이다.

이걸 심리학 용어로 '피그말리온 효과'라고 한다. 다른 사람이 나를 존중하고 내게 기대하는 것이 있을 때 그 기대에 부응하는 쪽으로 변하려고 노력하게 되고, 그러다 보면 실제로 그렇게 된다는 것이다. 이 역시 칭찬과 격려의 효과 아닌가?

내가 집회를 가보면 그 교회가 어떤 교회인지 금방 감이 온다. 부흥하는 교회의 공통점은 대부분 찬양이 살아 있다. 그리고 성도 상호 간에 칭찬이 많다. 성도를 만나면 "우리 목사님은 이래서 좋고, 저래서 좋습니다. 우리 교회 정말 좋은 교회입니다"라고 하고, 목사님을 만나면 "우리 성도님들은 이래서 좋고, 저래서 훌륭합니다" 하면서 칭찬하느라 정신없다. 반면에 건강하지 않은 교회를 가보면 서로를 향한 원망과 불평이 많다. 서로 깎아내리기 바쁘다.

건강한 가정도 마찬가지다. 심방을 가보면 어떤 집은 칭찬이 많다. 아이들에 대해, 남편에 대해, 아내에 대해 칭찬이 끊이지 않는다. 그러나 어려움이 있는 가정에 가보면 칭찬이 잘 안 보인다.

내가 경험해보니, 건강한 비판과 지적은 사람을 긴장하게 만들어 타락을 막는 데 효과가 있다. 하지만 그 사람을 성장하게 만드는

데는 칭찬이 비판보다 훨씬 더 효과적이다.

우리도 바울처럼 복음으로 변화되고 복음이 내면에서 작동되어 상대방의 좋은 점을 찾아내어 칭찬하고 격려하는 성도들이 되어야 한다.

중보기도가 있는가?

세 번째로 복음이 대인관계에 미치는 영향력과 관련하여 우리가 던져야 하는 질문이 무엇인가?

"나에게는 상대방을 위한 '중보기도'가 있는가?"

9절을 보자.

> 내가 그의 아들의 복음 안에서 내 심령으로 섬기는 하나님이 나의 증인이 되시거니와 항상 내 기도에 쉬지 않고 너희를 말하며 롬 1:9

앞에서 상대방의 장점을 찾아서 칭찬과 격려하는 게 중요하다고 말했지만, 그것만 가지고는 안 된다. 우리가 진짜 복음으로 변화된 하나님의 사람이라면 상대방의 영혼을 위한 중보기도가 있어야 한다.

나는 중보기도를 생각하면 늘 출애굽기 32장에 나오는 모세의 기도가 떠오른다. 내가 모세를 존경하는 것은 그가 가진 탁월한 지도력 때문이기도 하지만, 그 안에 가득했던 자기 민족을 향한 뜨거운 사랑과 그 사랑이 기도로 승화되는 모습이 너무나 멋지기 때문이다.

출애굽기 32장의 배경이 무엇인가? 이스라엘 민족이 하나님께 범죄하여 이제 망하게 됐다. 그렇게 망하게 된 자기 민족을 앞에 두고 모세가 어떤 기도를 드리는가?

그러나 이제 그들의 죄를 사하시옵소서 그렇지 아니하시오면 원하건 대 주께서 기록하신 책에서 내 이름을 지워버려주옵소서 출 32:32

놀라운 기도 아닌가? "하나님, 이 민족의 죄를 용서해주세요. 이 민족을 용서하기 어려우시면 저도 구원의 반열에서 제하여 그들과 함께 망하는 자리에 가게 해주세요."

이처럼 모세는 자기 목숨을 걸고 이스라엘 민족을 위한 중보기도를 했다.

우리가 반성해야 하는 게 무엇인가? 많은 사람들이 지금 한국교회가 병들었다고 한다. 목사들이 문제라고 한다. 성도들이 위선자처럼 산다고 한다. 그렇게 날마다 비판하며 열 내는 우리의 분석은 옳다. 하지만 그렇기 때문에 우리가 아픈 마음을 가지고 모세와 같은 기도를 드리고 있는가? 왜 교회들마다 비판은 난무하는데 목숨을 건 모세의 기도는 보이지 않는가?

나는 간절히 기도한다. 우리나라의 모든 교회들이 서로의 연약함을 불쌍히 여기며 모세처럼 눈물로 중보기도를 하는 그런 공동체가 되기를 늘 바란다.

매년 소그룹 모임인 다락방 개강을 앞두고 순장들과 함께 기도할 때면 얼마나 감동적인지 모른다. 피 한 방울 섞이지 않은, 기껏 해봐야 만난 지 몇 년 안 되는 다락방 식구들을 위해 여기저기서 눈물을 펑펑 쏟으며 기도하는데, 그 모습을 보고 있자면 내 가슴이 뜨거워지곤 한다.

기도도 배워야 한다. 연습해야 한다. 모세처럼 자녀를 위해, 가족을 위해, 이웃을 위해, 이 나라와 이 민족을 위해 기도하는 훈련을 해야 한다. 복음의 능력이 온전히 살아나서 상대방을 위한 중보기도가 늘 살아 있는 우리가 되기를 바란다. 또한 중보기도 운동이 활발하게 일어나는 교회들이 다 되기를 바란다.

나로 인해 견고해지고 있는가?

복음이 대인관계에 미치는 영향력과 관련한 네 번째 질문은 무엇인가?

"나로 인해 상대방이 견고해지고 있는가?"

11절을 보자.

내가 너희 보기를 간절히 원하는 것은 어떤 신령한 은사를 너희에게 나누어주어 너희를 견고하게 하려 함이니 롬 1:11

여기 나오는 '견고하게 하다'라는 단어는 헬라어로 '스테리조'라고 하는데, 이 단어는 우리말로 하면 '강하게 하다'라는 뜻이다. 이 단어가 왜 중요한가 하면, 예수님이 십자가를 앞에 두고 계신 그 절박한 상황에서 베드로에게 부탁하신 것이 바로 이 '스테리조'이기 때문이다.

시몬아, 시몬아, 보라 사탄이 너희를 밀 까부르듯 하려고 요구하였으나 그러나 내가 너를 위하여 네 믿음이 떨어지지 않기를 기도하였노니 너는 돌이킨 후에 네 형제를 굳게 하라 눅 22:31,32

이 말씀의 '굳게 하라'가 '스테리조'이다. 십자가를 지시기 전, 예수님은 베드로에게 이렇게 말씀하신 것이다.

"내가 너를 위해서 기도하마. 네가 견고하게 서는 하나님의 종이 되기를 기도하마. 네가 그렇게 견고해지면 너도 연약한 네 주변의 이웃을 위하여 그들이 견고해지는 일에 쓰임을 받아라."

한 가지 흥미로운 것은, 로마서 1장 11절에 나오는 '스테리조'가 '견고하게 하다' 곧 영어로 'be strong'이라는 뜻으로도 번역이 되지만, 한편으로는 'fix'라는 단어로도 번역된다는 것이다. 그 당시 '스테리조'는 건축과 관련된 용어로도 사용되었는데, 건축적인 개념으로 보면 이 단어는 '움직이지 않는 구조물'을 가리킬 때 쓰이는 단어였다.

바울은 왜 로마교회 성도들이 'be strong' 즉 강해지기를 원한다고 하면서 건축 용어를 사용했을까? 바울에게 소원이 있었기 때문이다. 다시 말해, 교회 구성원인 성도 개개인이 성장하는 것도 중요하지만, 교회 공동체가 같이 세워져가고 같이 튼튼하게 건설되어가서 영적인 공동체로 성장하기를 원했기 때문이다.

우리도 이런 기도를 드려야 한다.

"하나님, 이 교회가 늘 하나님 안에서 공동체적으로 병들지 않고 건강한 교회가 되도록 제가 이러이러하게 노력하고 섬기며 중보하겠습니다."

바로 이것이 구원의 감격이 있는 사람의 모습이다.

열매 맺도록 돕고 있는가?

마지막으로 복음이 대인관계에 미치는 영향력과 관련한 다섯 번째 질문은 무엇인가?

"나는 상대방이 열매를 맺도록 도와주고 있는가?"

13절을 보자.

형제들아 내가 여러 번 너희에게 가고자 한 것을 너희가 모르기를 원하지 아니하노니 이는 너희 중에서도 다른 이방인 중에서와 같이 열매를 맺게 하려 함이로되 지금까지 길이 막혔도다 롬 1:13

로마교회 성도들의 성장을 위해 로마로 가기로 갈망하는 바울의 모습이 우리를 감동시킨다. 우리에게는 이런 아름다운 목표가 있는가? 그 목표를 가지고 기도하고 있는가? 이런 꿈을 품고 기도하는 인생이 행복하다.

　　빌립보서 1장 11절을 보라.

　　예수 그리스도로 말미암아 의의 열매가 가득하여 하나님의 영광과 찬송이 되기를 원하노라 빌 1:11

　　이런 마음의 소원을 가지고 기도하는 성도들이 많이 모여 있는 교회가 건강한 교회이다. 이런 기도가 울려 퍼지는 교회라야 하나님께서 기뻐하시는 열매가 많이 맺힌다. 내가 출석하는 교회의 성장과 부흥뿐만 아니라, 이웃해 있는 교회, 이 땅에 존재하는 모든 교회들이 함께 성장하며 함께 열매 맺는 교회가 되기를 기도해야 한다.

　　지금까지 살펴본 다섯 가지 질문을 한 항목, 한 항목 점검하면서 우리가 정말 복음을 흘려보내는 삶을 살고 있는지 살펴보기를 바란다.

　　그리고 무엇보다 중요한 것은 이 모든 일이 가능하기 위해서는 먼저 내 안에서 복음의 감격이 회복되어야 한다는 것이다. 십자가 능력이 내 안에 자리 잡아야 한다.

우리나라의 유명한 시인 중에 박목월 시인이 있다. 아마 다들 알 것이다. 그런데 내가 그 분의 아내에 대한 이야기를 듣고 감동 받았던 적이 있다. 박목월 시인의 아내는 독실한 크리스천이었는데, 주변에 얼마나 아름다운 열매를 많이 맺게 하신 분인지 모른다.

박목월 시인이 잠깐 삐끗해서 젊은 여자와 바람이 나 제주도로 도망가 살림을 차린 적이 있다고 한다. 이런 상황이었는데 그 아내는 흔들림 없이 중심을 잘 잡는 모습을 보여주었다고 한다. 한번은 박목월 시인의 아들인 박동규 교수가 자기 어머니를 회상하며 쓴 글을 읽었는데, 그 글이 정말 감동적이었다.

어릴 때 겪은 일인데, 어느 눈이 펑펑 쏟아지는 밤이었다고 한다. 박목월 시인이 시심이 발동했던 것 같다. 옛날 옹색한 살림에 무슨 서재가 따로 있었겠는가? 책상도 없어서 밥상을 책상으로 사용했는데, 그날 저녁을 먹고 얼마 지나지 않아 아버지가 상을 가져오라고 하시더란다. 어머니는 그 말을 듣고 행주로 상을 깨끗이 닦아서 가져다 드렸다. 그러고는 이제 3개월밖에 안 된 어린 동생을 등에 업고 밖으로 나가셨다.

아들인 박동규 교수는 글 쓰는 아버지 곁에서 잠이 들었다. 얼마나 잤을까, 한참을 자는데 아버지가 자기를 깨우더란다.

"통행금지 시간이 다 되어 가는데 네 어머니가 아직 돌아오지 않으신다. 네가 나가서 어머니를 찾아오너라."

자다가 일어난 박동규 교수가 옷을 주섬주섬 입고 어머니를 찾으러 나갔다. 나가 보니 눈이 펑펑 오는데, 벌써 무릎 높이까지 눈이 쌓였더란다. 아무리 찾아도 어머니가 보이지 않았다.

그러다 퍼뜩 저 아랫동네에 어머니와 제일 친한 아주머니 집이 있는데, 그 집에 가봐야겠다는 생각이 들어 어머니를 찾으러 가다가 깜짝 놀랄 광경을 봤다.

눈이 그렇게 펑펑 오는데 어머니가 골목 어귀에 우산도 없이 보자기 하나 뒤집어쓰고 계시더란 것이다. 남편이 시심이 발동하여 글을 쓰는데 갓난아기가 방해될까봐 그 눈길에 애를 둘러업고 나와 서 계셨던 것이다.

훗날 박동규 교수는 그때를 회상하며 이렇게 글을 썼다.

나는 이 사건을 평생 잊지 못하고 삽니다. 세월이 갈수록 내 머릿속엔 몇 시간씩이나 눈구덩이에 서서 눈을 맞으며 세 달 된 딸을 업고 있던 어머니를 생각합니다. 세 달 된 내 여동생이 아버지가 시를 쓸 때 울어서 방해될까봐 그렇게 어머니는 나와서 눈을 맞고 서 있었던 겁니다.

나는 대학을 졸업하고서 처음 직장에 다닐 때 즈음에야 조금 철이 들어서 고생하는 어머니에게 한번 물었습니다.

"엄마, 그때 얼마나 힘들었어? 돈도 많이 벌어오지도 못하고, 그런데 어머니는 뭐가 좋아서 밖에 나가서 일도 하고 힘들게 고생하면서 애를 업고 있었어?"

나는 어머니가 우리 집 생활을 끌고 가는 것이 안타까운 마음에서 물어본 것입니다. 그런데 어머니는 "그래도 네 아버지는 밤에 그렇게 시를 다 쓰고 나면 발표하기 전에 제일 먼저 나보고 읽어보라고 해" 하고 웃으셨습니다.

어머니가 아버지와 살면서 힘든 일을 겪어가면서 시인으로 살아가는 아버지를 이해하는 것은 바로 '시 한 편 읽어보라'고 하는 아버지의 배려의 힘이었다고 나는 생각합니다.

그러면서 그 아들은 이런 결론으로 글을 마무리했다.

남편과 아내가 서로를 이해하고 사랑하고 사는 것은 이런 배려를 통해서 서로 사람을 알아야 하는 것입니다.

나는 아들의 회고의 글을 읽으면서, 예수 그리스도를 만나 그 내면에 구원의 감격으로 가슴이 뜨거웠던 한 아내가 한 시대를 대표하는 시인을 만들어내는 역할을 감당했구나 싶었다.

우리 안에도 이런 복음의 감격이 회복되기를 바란다. 우리 내면에 구원의 감격이 회복될 때, 그 감격이 내 안에서 흘러넘쳐 아내와 남편과 자녀들을 흠뻑 적시고 가정을 살려내며, 그뿐만 아니라 위기를 만난 한국교회를 살려낼 줄 믿는다.

하나님의 복음이, 그 복음의 감격이 흘러가는 곳곳마다 얼마나 큰 능력이 나타나는지를 우리 눈으로 목도하는 복된 역사가 일어나게 되기를 간절히 바란다.

2
PART

복음이
능력이
된 다

로마서 1장 15-17절

15 그러므로 나는 할 수 있는 대로 로마에 있는 너희에게도 복음 전하기를 원하노라 16 내가 복음을 부끄러워하지 아니하노니 이 복음은 모든 믿는 자에게 구원을 주시는 하나님의 능력이 됨이라 먼저는 유대인에게요 그리고 헬라인에게로다 17 복음에는 하나님의 의가 나타나서 믿음으로 믿음에 이르게 하나니 기록된 바 오직 의인은 믿음으로 말미암아 살리라 함과 같으니라

복음이 가능케 한다

〈쎄시봉〉이라는 제목의 영화가 있다. 이 영화는 제목 그대로 '쎄시봉'이란 음악 감상실을 배경으로 1960년대 후반 혹은 1970년대 초반의 젊은 남녀 이야기를 그리고 있는 청춘 영화이다. 그런데 그 영화를 보다 보니 한 가지 특이한 게, 영화에 등장하는 상당수 인물이 교회에서 만나서 친해졌다거나 인연을 맺었다는 이야기가 많이 나왔다. 예를 들면 "나 어렸을 때 교회 친구다"라거나 "고등학교 때부터 좋아하던 교회 오빠가 있었어" 같은 대사들이나 상황이 여러 번 나왔다.

70년대 청춘영화에 왜 이런 대사가 많을까 생각해보니, 그 당시는 교회 생활을 빼고는 학창 시절을 이야기하기 어려울 정도로 그 중심에 교회가 있었던 게 사실이다. 나와 비슷한 연배 치고 어린 시절에 교회 한두 번 안 다녀본 사람은 아마 거의 없을 것이다. 교회 안 다니는 사람이라도 문학의 밤이다 크리스마스 행사다 하면서 연례행사처럼 치러지는 교회 행사엔 한두 번 다 참석했을 것이다. 그때는 워낙 누릴 문화가 없기도 했고, 학교도 남녀공학이 아니다 보니 이성 친구를 만날 수 있는 곳도 교회가 유일했다. 그러다 보니 설령 신앙이 없대도 많은 사람들이 교회를 왔다 갔다 했던 때가 60,70년대였다.

그런데 그 영화를 보면서 한 가지 마음이 아팠던 게 있었다. 영화 속에서 교회와 연관된 대사가 그렇게 많은데도 불구하고 교회의 영향을 받는 사람은 거의 없는 것이다. 영화를 그렇게 만들어서 마음이 아픈 게 아니라, 현실이 그렇기 때문에 마음이 아팠다. 생각해보라. 예전에 중고등학생 때 교회를 다니다 지금은 교회를 떠난 사람들이 그 시절의 교회를 떠올리면 전부 어떤 기억들인가?

'그때 내가 짝사랑했던 교회 누나는 여전히 잘 있나?'

'크리스마스이브 때 새벽송 돌고 밤새 친구들과 놀았는데…. 참 재미있었는데….'

'문학의 밤 할 때 정말 재미있었지.'

'연말에 회비 걷어서 밤기차 타고 춘천으로 엠티 갔었는데….'

전부 이런 연애, 교회 행사, 체육대회 같은 문화적인 것들만 떠올리지, 누구도 '그때 내가 진리에 대해 이렇게 고민했는데'라거나 '친구들과 밤새 예수 그리스도의 십자가에 대해서 토론했지' 같은 복음의 실제적인 것들을 떠올리는 사람은 없다.

나도 모태신앙이지만, 어린 시절에 다녔던 교회를 떠올리면 복음을 배우고 복음에 대해 진지하게 고민했던 기억이 별로 없다.

복음이 부끄러운 시대가 됐다

오늘 우리 현실은 어떤가? 예배 때 찬양대의 아름다운 찬양을 듣다가도 문득 이런 생각이 든다.

'저렇게 주옥같은 찬양을 매주 부르는 찬양대원들 안에도 복음이 뭔지 모르고 찬양을 부르는 분들이 분명히 있을 텐데…. 그런 분들이 많지 않으면 좋겠는데….'

생각해보면 우리가 교회 밖으로 전도지 들고 나가서 열심히 예수 믿으라고 복음을 전하는 일도 중요하지만, 정말 복음을 전하고 예수 믿으라고 권면해야 하는 곳은 교회 안이다. 교회 안에 복음을 모른 채 복음과 무관한 사람들, 복음이 자기에게 어떤 영향을 끼쳤는지 까마득히 모르는 사람들이 생각보다 많다.

대학교에서 캠퍼스 사역을 하는 목사님의 이야기를 들으면 마음이 얼마나 아픈지 모른다. 요즘엔 캠퍼스에서 옛날처럼 '사영리'를 들고 다니며 복음을 전하고 그 자리에서 예수님을 영접하고 결신하는 일들은 거의 일어나지 않는다고 한다. 오히려 복음이 부끄러운 게 되어서 안 믿는 아이들이 예수 믿는 친구들에게 이런 얘기를 한단다.

"너 아직도 교회 다니니?"

이렇게 말하는데도 거기에 대응할 말이 없다. 배운 게 없기 때문이다. 이런 얘기가 듣기 싫으니 지금 대학생들은 대부분 친구들에게 자기가 교회 다닌다는 사실을 숨긴다고 한다. 교회 다니는 게, 복음이 부끄러운 게 되어버렸다.

이런 현실이 마음 아프면서 생각난 것이, 사실 바울이 살던 시대도 복음이 부끄러웠던 시대란 것이다. 고린도전서 1장 22,23절을 보라.

유대인은 표적을 구하고 헬라인은 지혜를 찾으나 우리는 십자가에 못 박힌 그리스도를 전하니 유대인에게는 거리끼는 것이요 이방인에게는 미련한 것이로되 고전 1:22,23

무슨 말인가? 복음이 부끄러운 것이라는 이야기 아닌가? 그러니까 바울이 살던 시대나 오늘 우리가 사는 시대나 공통적으로 복음이 부끄러운 시대라는 것이다.

복음을 대하는 바울의 자세

그런데 바울은 그런 상황에서 어떻게 대처하는가? 바로 그다음 24절을 보자.

오직 부르심을 받은 자들에게는 유대인이나 헬라인이나 그리스도는 하나님의 능력이요 하나님의 지혜니라 고전 1:24

그 시대나 우리 시대나 복음을 부끄럽게 생각하는 시대라는 것은 공통적인데, 이에 대처하는 바울과 우리의 차이는 무엇인가? 우리는 교회에 다니는 것을 숨긴다. 회사에서도 크리스천인 척 안 한다. 술자리에 가서도 표 안 내고, 회식 가서도 표 안 낸다. 그런데 바울은 그것을 감추는 게 아니라, 오히려 복음을 부끄러운 것이라고 생각하는 사람들에게 적극적으로 말한다.

"당신들이 몰라서 그러는데 복음은 부끄러운 게 아냐. 복음이신 예수 그리스도는 하나님의 능력이야. 복음이신 예수 그리스도는 하나님의 지혜야. 복음이 우리 심령 속에 자리 잡으면 인생을 바꾸는 놀라운 능력이야."

바로 이것이 똑같이 복음을 부끄러워하는 시대를 살지만 바울과 우리의 차이이다.

오늘 우리도 바울이 본문 16절에서 말하는 것과 같은 놀라운 선포를 할 수 있어야 한다.

내가 복음을 부끄러워하지 아니하노니 이 복음은 모든 믿는 자에게 구원을 주시는 하나님의 능력이 됨이라 롬 1:16

중요한 것은, 바울은 복음의 능력을 경험했기 때문에 이런 담대한 선언이 가능했다. 우리도 기왕에 예수 믿고 교회 다닌다면 바울과 같이 복음에 대한 확신과 그 능력을 이론이 아니라 삶 속에서 직접 경험하고 맛보아야 하지 않겠는가?

복음은 지금도 능력이다

어느 날 코스타에서 총무로 일하는 후배 목사가 놀러 와서는 이런저런 이야기를 하다가 한 선교사님의 이야기를 해주었다. 정말 대단한 분이라고 하면서 그 선교사님의 이야기를 전해주는데, 이런 내용이었다.

그 선교사님은 터키에서 복음을 전하다가 붙잡혀서 재판을 받았는데, 사형 선고 직전까지 갔었다고 한다. 그런 절체절명의 위기 속에서도 담대하게 복음을 선포하시다가 추방을 당해 영국을 거쳐서 한국으로 들어오셨다고 한다.

그런데 그 선교사님이 귀국해서 보니 한국교회 안에 패배의식이 너무나 짙게 드리워져 있는 것이다. 귀국해서 가장 많이 들은 말이 이런 말들이었다고 한다.

"한국교회가 쇠퇴하고 있다. 교인들이 줄어들고 있다. 이젠 전도가 안 된다. 복음을 전해도 소용없다. 유럽처럼 교회가 점점 쇠락할 것이다."

자기는 지금 터키에서 목숨 걸고 복음을 전하다 왔는데, 이런 이야기들만 하니 오기가 생겼단다.

'대한민국에서 복음이 안 전해진다고? 어디 내가 한번 확인해보 겠어!'

그러면서 무슨 실험을 했냐 하면, 그때부터 자가용을 타지 않고 택시를 타고 다니며 택시 기사에게 전도를 하기 시작했다. 한참을 그러고 다녔는데, 부산에 있는 어떤 교회에서 집회 강사로 선교사님 을 초청했다. 강사로 모셨으니 교회에서는 당연히 역까지 나가 선 교사님을 모셔 오고, 또 집회가 끝난 후에는 역까지 모셔다 드리려 고 하지 않았겠나?

그런데 강의를 마치고 선교사님을 부산역까지 모셔다 드리려고 하니 굳이 거절하며 택시를 타겠다고 하시더란다. 그래서 할 수 없 이 교회의 담당자가 택시를 불렀고, 강사님 혼자서 보낼 수 없어서 교회 관계자 분들이 부산역까지 함께 갔다고 한다. 아마도 의전을 담당하는 장로님이나 부목사님이 따라가셨을 것이다.

그렇게 역까지 가는 30,40분 동안 기가 막힌 일이 벌어졌다. 그 선교사님이 늘 하던 대로 택시 기사에게 복음을 전했는데, 택시가 부산역에 도착할 때쯤 보니 택시 기사가 눈물을 흘리며 복음에 반 응을 하더라는 것이다.

그러면서 택시 기사가 하는 이야기가, 자기 주변 지인과 친지들 중에 예수 믿는 사람들이 많다고 한다. 목사님도 있단다. 그런데도 자기에게 한 번도 이런 복음을 전해준 사람은 없었다고 한다. 만나면 교회 다니는 분들이 하는 이야기는 늘 뻔했다고 한다.

"이제 나이도 들었는데 너도 교회 나가야지. 우리랑 같이 교회 가자. 교회 나갈 때가 되지 않았니?"

하지만 왜 교회를 나가야 하는지, 교회에서 들려주는 복음이 뭔지 전해주는 사람은 한 사람도 없었다는 것이다. 그렇다면 이런 질문이 저절로 나오지 않는가?

'왜 그 택시 기사 주변에는 복음을 들려주는 사람이 한 명도 없었을까?'

대답은 간단하다. 교회 다니는 그들도 복음이 무엇인지 잘 모르기 때문이다. 알아야 전할 것 아닌가? 자기도 모르는데 어떻게 전할 수 있겠는가? "교회 가자"까지는 할 수 있는데 그다음은 무엇을 전해야 할지 모른다. 기껏해야 "교회에 가면 결혼할 사람을 만날 수 있어"라거나 "교회 가면 사업에 도움 받을 만한 좋은 사람이 많아. 인간관계 넓혀야지"라고 말하는 게 고작이다. 복음을 전하지 못하는 것이다.

복음을 제대로 알자

내가 그 선교사님의 이야기를 들으면서 한편으로는 무능한 교회의 현실을 보여주는 것 같아서 마음이 아팠지만, 또 한편으로 이것이 나에게 희망이 되었다. 복음이 무능한 게 아니라 우리의 무지함에서 기인한 현실이기 때문이다. 우리도 그 선교사님처럼 복음을 제대로 알고, 그 복음의 능력을 제대로 경험하면 복음은 여전히 살아 역사하는 능력이 될 것이다. 내가 로마서를 비장하게 꺼내 든 이유가 바로 여기에 있다.

나는 로마서를 묵상하면서 마음의 소원이 생겼다.

'하나님, 지금까지 교회를 오래 다녔지만 복음이 능력이라는 사실을 알지 못해서 무기력한 신앙생활을 해왔던 분들에게 로마서를 통해 복음이 능력 됨을 경험하는 사건이 일어나기를 바랍니다. 이론이 아닌 삶 속에서 그 능력을 경험함으로 다 복음으로 무장하는 성도님들이 되기를 바랍니다.'

나는 이 기도가 응답되길 원한다. 그래서 오래 교회 다녔던 분들의 삶에 활력이 일어나기 원한다.

이제 본문의 말씀을 중심으로 '우리가 붙잡아야 할 복음이 우리에게 어떤 능력을 주는지'에 대해 살펴보려고 한다.

복음의 실재성

첫 번째로 우리가 회복하고 붙잡아야 할 복음의 능력은 '복음의 실재성'(實在性)이다. 다시 말해 복음은 지금 이 시간에도 작동되는 능력이란 사실을 믿어야 한다.

바울은 16절에서 "내가 복음을 부끄러워하지 아니하노니 이 복음은 모든 믿는 자에게 구원을 주시는 하나님의 능력이 됨이라"라고 선포했는데, 여기서 말하는 '구원'이 무엇인가?

어릴 때 기억으로 본다면, 교회에서 가르친 구원은 대부분 미래적 개념이었다. 즉, 죽어서 천국에 가는 자격을 얻는 데 필요한 차원으로서의 복음이었다. 틀린 말은 아니다. 하지만 복음에 대해 이렇듯 협의적 차원에서의 구원만 가르친다면 우리는 놓치는 게 너무 많다. 복음은 막연한 미래의 어느 날, 우리가 세상을 떠나 죽을 때 지옥 가지 않고 천국 가는 데 쓰는 도구로 장롱에 넣어두는 것이 아니라, 바로 오늘 이 시간 꺼내어 내 어려운 삶 속에서, 내 답답한 현실 속에서 사용할 수 있는 능력이기 때문이다.

영국의 신학자 톰 라이트(Tom Wright)는 구원과 관련하여 이렇게 설명했다.

"구원의 완전한 영광은 미래에 나타나겠지만, 바울은 자주 이 구원이 단지 미래의 일만은 아님을 분명히 밝힌다. 구원은 현재를 향하면서 사람들을 죄의 상태에서 구출하고, 하나님의 백성을 괴로움과 박해에서 구출한다. 구원은 미래의 소망인 동시에 현재의 실재다. 그뿐만 아니라 이 구원이 사람들의 삶에서 삶으로 침입할 때, 그 구원은 그들이 뒤돌아볼 수 있는 과거의 사건이 된다."

그러면서 이런 결론을 내린다.

"그들은 구원 받았고, 구원 받고 있으며, 구원 받을 것이다."

이것이 구원의 3시제, 즉 과거, 현재, 미래적인 구원을 설명하는 것이다. 톰 라이트가 설명하는 '그들은 구원 받았고, 구원 받고 있으며, 구원 받을 것이다'라는 구원의 3시제를 보통 '칭의

(Justification), 성화(Sanctification), 영화(Glorification)'라는 신학 용어를 가지고 설명하기도 한다.

구원의 과거적 개념, 칭의

먼저 '칭의'는 구원의 과거적 개념이다. 쉽게 말하면 '칭의'란 것은 이 땅에 오신 예수 그리스도의 십자가로 말미암아 우리는 '이미' 의롭다 함을 입었다는 의미이다.

예수 그리스도의 십자가로 말미암아 우리는 '이미' 죄의 형벌에서 벗어나 자유를 얻게 되었다. 우리는 '이미' 예수 그리스도의 십자가로 말미암아 하나님의 자녀가 되었다. 이미! 이것은 과거에 일어난 사건이다.

구원의 현재적 개념, 성화

그런가 하면 '성화'는 무엇인가? 이것은 구원의 현재적 개념이다. 예수 그리스도의 십자가로 구원 받은 우리는 이 땅을 사는 내내 죄의 유혹과 싸워 예수님의 성품을 닮아가는 성화의 삶을 살아내야 되는데, 이것을 물컵의 물로 설명하기도 한다.

우리 앞에 물이 3분의 1만 담겨 있는 물컵이 있다고 가정해보자. 그러면 컵에 담긴 물이 30퍼센트 정도 되고 공기가 70퍼센트이다. 여기에 물을 절반 정도로 더 부으면 저절로 공기는 빠져나가고 물이 채워진다. 공기가 세상, 물이 복음이라고 생각해본다면 공기를 빼내고 물로 채우는 과정이 성화란 것이다. 세상으로 상징되는 공기는 빠져나가고 거기에 주님의 복음이 채워져가는 것이다.

구원의 과거적인 개념인 '칭의'에 있어서는 모든 크리스천에게 차이가 없다. 그러나 구원의 현재적 개념인 '성화'에 있어서는 어떤 사람은 물이 10퍼센트, 공기가 90퍼센트, 즉 하나님 복음의 영향이 10퍼센트, 세상의 영향이 90퍼센트라고 한다면, 어떤 사람은 물이 90퍼센트, 공기가 10퍼센트, 즉 하나님의 뜻 아래서 살아가는 게 90퍼센트이고 세상의 영향이 10퍼센트이다. 우리는 점차 세상의 공기를 빼내고 그 자리에 복음의 물로 채워나가야 한다. 이것이 성화의 점진성이다.

먼저 된 자가 나중 되고 나중 된 자가 먼저 된다는 것이 뭔지 아는가? 5대째 예수를 믿는 집안의 모태신앙인데 복음의 물은 10퍼센트밖에 없고 세상의 공기가 90퍼센트나 되는 사람이 있는가 하면, 예수 믿은 지 6개월밖에 안 되었는데 복음의 물이 90퍼센트이고 세상의 공기는 10퍼센트밖에 안 되는 사람이 있다. 이런 역전 현상이 교회 안에서 일어날 수 있다는 것이다. 이것이 먼저 된 자가 나중 되고 나중 된 자가 먼저 되는 것이다.

그래서 우리가 구원의 현재적 개념인 성화를 추구해나가기 위해서는 이 땅에서 악한 죄와 죄악을 부추기는 세력과 날마다 씨름하는 것이 필요하다.

구원의 미래적 개념, 영화

'영화'는 구원의 미래적 개념이다. 우리는 이 땅을 사는 내내 예수님의 인격을 닮아가는 성화를 위해 죄와 싸우고 몸부림치는데, 장차 예수 그리스도께서 재림하시면 이 집요한 죄의 유혹으로부터 완전히 풀려나는 구원의 완성을 이루게 된다. 이것을 영화라고 한다.

이렇게 구원의 3시제를 칭의, 성화, 영화라는 용어로 설명할 수 있는데, 이 신학 개념이 강조하는 것이 무엇인가? 복음은 우리가 죽어서 천국 갈 때만 쓰이는 도구가 아니라, 유혹이 많은 이 땅에서의 삶을 돕는 능력임을 강조하는 것이다.

오늘 현재 일하시는 하나님의 능력, 내가 죄와 싸울 의지를 가지고 나아가면 죄를 꺾어 이길 수 있도록 힘 주시는 복음의 능력, 우리가 이것으로 무장되어야 한다.

복음의 희망성

두 번째로 우리가 붙잡아야 할 복음의 능력은 '복음의 희망성'이다.

앞에서 살펴본 것처럼, 복음은 죽어서 천국 갈 때만 쓰이는 것이 아니라 오늘 이 시간에도 작동되는 능력이라는 '복음의 현재성'을 붙잡아야 한다. 하지만 그렇다고 반대로 복음의 현재성만 붙잡고 복음의 미래성은 내팽개치는 우(愚)를 범하면 안 된다. '천국이고 뭐고 내가 죽은 다음의 일이 어떻게 될지 내가 알 게 뭐야? 나는 이 땅에서만 잘 살면 돼'라는 생각을 한다면 얼마나 어리석은 생각인가? 살아 있는 동안 아무리 "여호와는 나의 목자시니 내게 부족함이 없다"라고 외치면 무슨 소용이 있는가? 미래를 장담할 수 없는데 말이다.

> 그가 나를 푸른 풀밭에 누이시며 쉴 만한 물가로 인도하시는도다 … 내가 사망의 음침한 골짜기로 다닐지라도 해를 두려워하지 않을 것은 주께서 나와 함께하심이라 주의 지팡이와 막대기가 나를 안위하시나이다 시 23:2,4

우리가 살아 있는 동안 이 말씀의 고백이 힘이 될 수 있는 것은 마지막 6절이 있기 때문이다.

> 내 평생에 선하심과 인자하심이 반드시 나를 따르리니 내가 여호와의 집에 영원히 살리로다 시 23:6

이 땅을 사는 동안 '복음의 현재성'으로 여호와가 나의 목자가 되시니 "난 부족한 게 없어, 난 마음이 편안해"라고 고백해도 마지막 6절, '복음의 희망성'이 없으면 그건 건강한 신앙이 아니다.

앞에서 구원의 3시제를 '칭의, 성화, 영화'의 신학 용어로 설명했는데, 구원은 또한 'Already, But, Not yet'이라는 개념으로도 설명할 수 있다. 'Already, But, Not yet'을 우리말로 풀면 이런 뜻이다.

"구원은 이미 이루어졌다. 그러나 동시에 아직 완성된 것은 아니다."

이것이 구원의 중요한 개념 중 하나이다.

영국의 신학자 알리스터 맥그래스(Alister McGrath) 교수가 쓴 《내가 정말 몰랐던 예수 십자가》란 책에 보면, 'Already, But, Not yet'의 개념을 이렇게 설명하고 있다.

우리는 '죄'라는 외국 주둔군의 그늘 아래서 살고 있다. 아무도 그들을 물리칠 수 없다. 그때 놀라운 소식이 들려온다. 멀리서 전투가 있었고 전세가 뒤바뀌었다. 이제 전쟁은 새로운 국면으로 접어들어 주둔군은 혼란에 빠졌다. 시간이 지나기만 하면 나치는 유럽 전역에서 축출될 것이다. 다만 그들은 '아직'(not yet) 이 나라에 주둔해 있다. 어떤 의미에서 상황은 달라지지 않았다. 그러나 더욱 중요한 관점에서 볼 때 상황은 완전히 뒤바뀌었다. 승리와 해방의 기운이 퍼져 나간다. '이미'(already) 해방된 듯한 기분이다.

그러면서 아주 흥미로운 예를 하나 든다.

언젠가 싱가포르의 포로수용소에 있었다는 한 남자를 만난 적이 있다. 그는 단파 라디오 방송을 통해 적군이 패했다는 소식을 듣고 수용소 내 분위기가 일시에 돌변했다고 말했다. 2차 세계대전의 종전은 1944년에 있었던 노르망디 상륙 작전의 성공 이후 1년 만에 찾아왔다. 하지만 그 전에 유럽 전역에서 '이미'(already) 변화가 나타나기 시작했다. 우리도 마찬가지다. '아직'(not yet) 승리가 도래하지 않았지만, 한편으로 '이미'(already) 승리했다. 적들의 등뼈는 부서졌다. 이제 우리는 승리의 감격 속에서 적들의 기나긴 압제의 밤이 끝날 것을 기대하면서 살면 된다.

무슨 뜻인지 알겠는가? 눈으로 보이는 이 세상은 악(惡)이 득세하는 곳이다. 눈으로 보기에 나는 여전히 적들에게 잡혀서 포로수용소에 갇혀 있는 신세이다. 그러나 단파 방송을 통해 어떤 소식을 들었는가? 연합군이 승리했다는 소식이다. 눈 떠보면 몸은 여전히 적들에게 잡혀 있는 포로 신세이지만, 사실은 아니다. 연합군이 승리했기 때문에 이제 우리가 이겼다는 것이다. 이 확신을 가지고 살아가는 것이 '복음의 희망성'을 붙드는 삶이다.

비록 내 삶은 어렵고 힘들지만, 우리는 이미 승리했다. 만날 우울하고, 만날 마음이 답답하고, 어려운 현실에 눌리는 것은 이 복음을 몰라서 그렇다.

사랑하는 자들아 우리가 지금은 하나님의 자녀라 장래에 어떻게 될지는 아직 나타나지 아니하였으나 그가 나타나시면 우리가 그와 같

바로 이것이 '복음의 희망성'이다. 불안한 이 땅을 사는 우리에게
이 확신이 우리의 삶을 얼마나 윤택하게 하겠는가? 현실의 어떤 문
제 때문에 마음이 답답하고 힘든가? 그래도 우리는 절망하지 않는
다. 무너지지 않는다. 예수 그리스도가 이미 승리하셨기 때문이다.
'복음의 희망성'이 어떤 어려운 삶 속에서도 절대 낙심하지 않도록
하는 능력이 되길 바란다. 복음의 희망성을 가지고 사는 사람은 결
코 세상 앞에서 비굴해지지 않는다.

복음의 윤리성

세 번째로 우리가 회복해야 할 복음의 능력은 '복음의 윤리성'이
다. 복음의 현재성과 복음의 미래성의 균형을 가지고 사는 사람에
게 반드시 나타나는 게 '복음의 윤리성'이다.

어느 날 운전하며 기독교 방송을 듣는데, 내가 아는 어느 목사님
의 설교가 나왔다. 반가운 마음에 설교를 듣는데, 그 분이 기독교
교육학의 거장으로 불리는 하워드 헨드릭스(Howard Hendricks) 교
수의 이야기를 전했다.

하워드 헨드릭스 교수가 시카고에 있는 위튼대학교에 다니면서,
어느 교회의 초등부에서 사역할 때의 일이라고 한다. 우리로 말하
면 교육전도사 같은 위치였던 것 같다.

그런데 그 교회에 정말 뛰어난 아이가 있었다. 그 아이는 성경 구절을 무려 600구절이나 외웠다. 꼬맹이가 성경 600구절을 줄줄 외운다니 정말 놀랍지 않은가? 그야말로 교회가 주목하고 기대하는 아이였다.

그런데 주일학교에서 불미스러운 일이 벌어졌다. 자꾸 헌금이 도난당하는 일이 발생한 것이다. 나중에 범인을 잡고 보니 놀랍게도 성경 600구절을 줄줄 외우는 그 아이가 헌금 도둑이었다. 그 아이가 1불짜리 지폐를 헌금 주머니에 넣으면서 10불짜리를 가져가는 짓을 한두 번 한 게 아니었다.

하워드 헨드릭스는 그 아이를 데려다가 이렇게 물었다고 한다.

"야, 네가 성경을 그렇게 많이 외우는데, 출애굽기 20장 16절에 도둑질하지 말라고 되어 있지 않니?"

그러자 기가 죽어 고개를 푹 숙이고 있던 그 아이가 갑자기 살아나더니 이렇게 지적하는 게 아닌가?

"전도사님, 그 말씀은 출애굽기 20장 16절이 아니라 15절이에요."

너무 기가 막힌 하워드 헨드릭스가 다시 물었다.

"야, 이 녀석아, 그걸 아는 녀석이 그러냐? 넌 뭘 잘못했다고 생각하니?"

그랬더니 이 아이가 뭐라고 대답한지 아는가?

"들킨 거요."

라디오에서 그 얘기를 듣는데 마음이 씁쓸했다. 말씀과 삶이 통합되지 않는 오늘 우리의 현실을 보는 것 같았기 때문이다. 이 모습이 오늘날 예수 잘 믿는 중직자들, 심지어 나 같은 목사들의 모습이 아니길 바란다.

예수 잘 믿는 성도들이 목회자들에게 상처 받는 것이 무엇인가? 강단에서는 복음을 전하는데, 강단을 내려오면 그 복음이 그 사람의 삶에 영향을 미치지 않아서 인간적인 편법을 쓰고 세상적인 방법을 동원해서 목회하는 걸 보기 때문에 상처 받는 것 아닌가?

한국교회가 오늘의 수치스러운 자리에서 벗어나기 위해서는 복음이 살아나야 한다. 하나님의 능력인 복음이 제대로 전해지면, 그래서 복음이 균형 있게 자리 잡으면 '복음의 윤리성'이 살아나서 말씀과 삶이 통합되는 놀라운 역사가 일어날 줄 믿는다. 그래서 말씀은 잘 외우지만 헌금 도둑이었던 그 어린아이와 같은 한국교회의 가슴 아픈 현실이 복음의 능력으로 치유되기를 바란다.

복음의 감격성

그런가 하면 네 번째로 우리가 회복해야 할 복음의 능력은 '복음의 감격성'이다.

로마서 1장 21절에서 바울은 하나님을 모르는 세상 사람들에 대해 이렇게 묘사한다.

하나님을 알되 하나님을 영화롭게도 아니하며 감사하지도 아니하고
오히려 그 생각이 허망하여지며 미련한 마음이 어두워졌나니 롬 1:21

바울은 복음의 빛을 받아들이지 못한 인생의 특징을 '생각이 허망
해지고 마음이 어두운 상태'라고 특징짓는다.

나는 이 말씀을 보면서 감옥에 있던 바울이 생각났다. 그가 감옥
에서 쓴 빌립보서 1장 18절을 보라.

그러면 무엇이냐 겉치레로 하나 참으로 하나 무슨 방도로 하든지 전
파되는 것은 그리스도니 이로써 나는 기뻐하고 또한 기뻐하리라
빌 1:18

바울이 지금 감옥에서 무엇을 기뻐하는가? 배경을 보면 이렇다.
지금 복음을 전하는 사역자 중에 하나님을 사랑해서가 아니라 바
울을 라이벌로 생각해서 어떻게 해서든 바울을 이기기 위해 비열한
방법으로 바울에 대한 헛소문을 퍼뜨리고 모함하며 복음을 전하는
사람들이 있다.

그런데 그런 말들이 들릴 때마다 바울은 감옥 안에서 분노하는
것이 아니라 기뻐하고 기뻐한다. 그 이유가 무엇인가? 비록 그들이
잘못된 동기로 복음을 전한다 해도, 그렇게 해서 전해지는 것이 복
음이고 전파되는 것이 예수 그리스도시라면 그것만으로도 기뻐할

수 있다는 것이다. 놀라운 고백 아닌가? 바울의 이 깊은 영성과 인격을 어떻게 하면 본받을 수 있을까?

로마서 1장 21절에서 복음을 알지 못하는 사람들이 그 생각이 허망하여지고 미련한 마음이 어두워졌다는 것과 너무나 대비되는 것 아닌가?

정직하게 우리 자신을 들여다보자. 우리는 어느 쪽인가? 왜 그렇게 만날 우울한가? 교회 안에서 같이 예수 믿는 사람들인데 왜 미워하는 사람이 자꾸 늘어나는가? 마음은 왜 그렇게 허망해지고, 우울하고, 텅 빈 것처럼 어두워졌는가? 복음이 주는 감격성을 회복하여 마음이 허망해지고 허무해지고 어두워지는 우리 삶의 형태가 치유되는 은혜가 있기를 바란다.

복음의 타인 지향성

마지막 다섯 번째로 우리가 회복해야 될 복음의 능력, 복음의 '타인 지향성'이다.

바울은 얼굴도 모르는 로마교회 성도들을 향해 너무나 애틋하고 뜨거운 사랑의 마음으로 로마에 가서 그들에게 복음을 전하기를 원했다. 이런 태도는 어디서 나온 것인가? 복음이 지닌 '타인 지향성' 때문이다.

나는 우리 교회의 이웃사랑부와 복지재단에서 수고하는 봉사자들을 진심으로 존경한다. 그들은 입으로만 복음을 살아내는 것이 아니라 삶을 통해 복음을 드러내는 분들이기 때문이다. 그중에 '에듀투게더'라는 프로그램이 있는데, 경제적으로 어려워 과외를 받을 수 없는 아이들을 위해 무료 과외를 해주는 사역이다. 성도들이 헌금을 모아 그 아이들이 공부할 센터도 마련해주었다. 감사하게도 그 공간에서 아이들에게 무료 과외를 돕는 자원봉사자 선생님들이 무려 75명이나 된다. 그 선생님들이 수년째 아이들의 공부를 돕고 있다. 에듀투게더에서 공부하던 아이들이 입시에서 좋은 결과를 냈다는 소식이 들릴 때면 얼마나 기쁜지 모른다.

몇 해 전에는 이런 일도 있었다. 부모님은 안 계시고 할머니와 살던 한 여학생이 에듀투게더에서 공부하며 대학에 합격했다는 기쁜 소식을 전해왔다. 그런데 더 기쁜 것은 그 학생이 원래 신앙생활을 하지 않던 아이였는데, 에듀투게더를 진행하면서 예수님을 영접하고 교회에 너무나 열심히 다닌다는 것이다. 그냥 다니는 것도 아니다. 고등부 예배 때 찬양 인도를 하기도 했다.

이게 어떻게 된 일인가? 복음의 타인 지향성 때문이다. 아무런 대가도 바라지 않고 어려운 아이들에게 무료로 공부를 가르쳐주는 선생님들과 봉사자들의 모습을 통해 복음의 빛이 드러난 것이다.

누가 지금 이 시대는 복음이 전해지지 않는 시대라고 하는가? 천만의 말씀이다. 오늘 우리가 하나님 앞에 이 복음의 타인 지향성을 회복하게 될 때 세상에 복음의 빛이 환하게 밝혀질 것이다.

교육 전문가 토니 와그너(Tony Wagner)가 《이노베이터의 탄생》

이란 책에서 이런 말을 했다.

"세상은 당신이 무엇을 알고 있는지 관심이 없다. 오로지 당신이 아는 것으로 뭘 할 수 있는지가 중요하다."

나는 이 말이 참 의미 있다고 생각한다. 이것을 우리에게 적용해 보면 이렇게 말할 수 있을 것 같다.

"세상은 우리가 복음으로, 즉 복음의 타인 지향성으로 이웃을 어떻게 섬기고 돌보는지에 관심이 많다. 세상은 그것으로 복음의 능력을 가늠한다."

지금 세상 사람들이 교회를 향해 실망의 목소리를 내는 이유도 여기에 있다. 이 사실을 기억하고 우리는 복음의 '타인 지향성'을 회복해야 한다.

우리가 지금까지 살펴본 복음의 다섯 가지 속성인 복음의 실재성, 복음의 희망성, 복음의 윤리성, 복음의 감격성, 복음의 타인 지향성을 붙잡아 삶 속에서 복음을 살아내야 한다. 복음은 우리에게 능력이 된다. 그 복음의 능력을 다 경험하고 맛보게 되길 바란다.

로마서 1장 16,17절

16 내가 복음을 부끄러워하지 아니하노니 이 복음은 모든 믿는 자에게

구원을 주시는 하나님의 능력이 됨이라 먼저는 유대인에게요 그리고

헬라인에게로다 17 복음에는 하나님의 의가 나타나서 믿음으로 믿음

에 이르게 하나니 기록된 바 오직 의인은 믿음으로 말미암아 살리라 함

과 같으니라

6
chapter

하나님이 주도하신다

앞에서 얘기한 대로 '복음'이라는 단어는 헬라어로 '유앙겔리온'인데 원래 황제와 관련하여 사용되던 단어였다. 이 단어의 구조를 분석해보면 '사절' 혹은 '파송된 자' 등의 뜻을 가지고 있는 '앙겔로스'라는 단어 앞에 '좋은, 선한'을 뜻하는 부사 '유'를 붙여서 만든 합성어로, '전쟁에서 승리했다는 소식' 혹은 '그 같은 기쁜 소식을 전하는 자에게 주어지던 보상'이란 뜻으로 통용되던 단어였다.

그런데 이것이 성경에 차용되면서 '하나님께서 인간을 구원하시기 위해 예수 그리스도를 통해 주신 기쁨의 소식 혹은 복된 소식'이란 뜻으로 쓰이게 되었다. 그래서 영어로는 '복음'을 'good news'라고 한다.

구약의 이사야서 40장 9절을 보라.

아름다운 소식을 시온에 전하는 자여 너는 높은 산에 오르라 아름다운 소식을 예루살렘에 전하는 자여 너는 힘써 소리를 높이라 두려워하지 말고 소리를 높여 유다의 성읍들에게 이르기를 너희의 하나님을 보라 하라 사 40:9

그리고 이사야서 61장 1절도 보자.

주 여호와의 영이 내게 내리셨으니 이는 여호와께서 내게 기름을 부으사 가난한 자에게 아름다운 소식을 전하게 하려 하심이라 나를 보내사 마음이 상한 자를 고치며 포로된 자에게 자유를, 갇힌 자에게 놓임을 선포하며 사 61:1

이런 식으로 구약에서 예언된 말씀들이 예수 그리스도의 십자가 사건을 통해 성취된 것, 이것을 '복음'이라고 한다. 그렇기 때문에 누가 우리에게 "교회에서 복음, 복음 하는데, 그 복음이 대체 뭡니까?"라고 묻는다면 한 시간 내내 설명해줄 수도 있고, 5분짜리로 설명할 수도 있고, 또 엑기스만 간략하게 딱 한 마디로 이렇게 답할 수 있다.

"복음이란 하나님에게서 시작되었고 예수 그리스도에 의해 완성된 '구원의 기쁜 소식'입니다."

여기에 한 마디를 더 덧붙이자면 이렇다.

"복음이란 성부 하나님에게서 시작되었고 예수 그리스도에 의해 완성된 구원의 기쁜 소식인데, 이 사실을 깨달아 알도록 도우시는 분이 성령님이십니다."

그러면 아주 잘된 정답이다.

처음부터 끝까지 하나님이 주도하심

그런데 우리가 복음과 관련해서 절대로 잊어선 안 되는 한 가지가 있는데, '복음은 처음부터 끝까지 하나님께서 주도하시는 사건'이라는 것이다.

영국의 존 스토트(John Stott) 목사님이 쓴 《나는 왜 그리스도인이 되었는가》라는 책에 보면 이 부분이 잘 정리되어 있다.

우리가 만약 그리스도인이라면 그것은 우리가 그리스도를 믿기로 결단했기 때문이 아니라, 그리스도가 우리를 사랑하기로 결심했기 때문입니다.

이 설명이 가슴에 와 닿는다. 구원과 복음의 문제에서 하나님의 주도성을 이만큼 잘 설명하는 말이 또 있을까 싶다.

앞 장에서 구원의 3시제를 '칭의, 성화, 영화'로 설명할 수 있다고 했는데, 여기서 오해하면 안 되는 게 있다. 간혹 "칭의는 하나님이 우리에게 무조건적으로 주시는 선물이고, 성화는 내가 땀 흘려 열심히 이루어가는 것이다"라고 생각하는 경우가 있는데, 이는 아주 잘 못된 생각이다. 이렇게 오해하면 안 된다. 칭의와 성화와 영화는 한 개념이다. 모두를 다 하나님께서 주도하신다. 우리 몸이 하나이듯 칭의와 성화와 영화는 서로 분리할 수 없고, 그리고 이 모든 과정에 하나님의 주도하심이 개입되어 있다는 것이다.

존 라일(J. C. Ryle)이 쓴 《거룩》이란 책에 보면, 칭의와 성화에 대해 설명을 잘 해놓았다. 저자는 칭의와 성화의 공통점과 차이점에 대해 이렇게 설명했다. 먼저 차이점이다.

> 칭의에 있어서 우리의 행위는 전혀 의미가 없으며 그리스도에 대한 단순한 믿음만 필요하다. 그러나 성화에서는 우리의 행위가 대단히 중요하며 하나님께서는 우리에게 싸우고 깨어 기도하며 애쓰고 수고하며 노력하라고 명하셨다.

이렇게 칭의와 성화의 차이점을 설명하고는, 공통점에 대해선 이렇게 설명한다.

> 그러나 둘 다 근본적으로 하나님의 값없이 주시는 은혜에서 비롯된다. 신자들이 의롭다 함을 얻거나 성화되는 것은 다 하나님의 은혜 때문이다.

팀 체스터(Tim Chester)가 쓴 《나도 변화될 수 있다》라는 책에 보면 존 라일의 설명을 조금 더 구체적으로 설명하는 이런 대목이 나온다.

나는 으레 성화의 과정이, 바위를 언덕으로 올리는 일과 흡사하다고 생각한다. 고되고, 더디고, 집중하지 않으면 다시 밑으로 굴러 떨어질 수도 있다. 하지만 성화는 실제로는 돌을 언덕 아래로 굴리는 일과 더 비슷하다. 왜냐하면 변화는 하나님이 하시는 일이고 하나님은 항상 성공을 거두시기 때문이다. 문제는 잘 내려가는 바위를 내가 자꾸 위로 올린다는 것이다. 그 순간 나는 이렇게 말하고 있는 셈이다. "아직 나를 변화시키지 마세요. 죄가 아직 더 좋으니까요."

성화의 어떤 부분을 이야기하는 것인가? 성화는 바위를 위에서 아래로 굴리는 행위라는 것이다. 겉으로 보기엔 내가 바위를 굴리는 것 같지만, 사실은 하나님이 만드신 중력과 경사도의 도움을 받아 바위가 굴러가는 것처럼 거기엔 보이지 않는 하나님의 일하심이 개입되어 있다는 것이다.

하나님이 내게 주신 칭의의 은혜, 전혀 의롭지 않은데 의롭다고 인정해주시는 그 은혜에 감격하여 주님의 인격을 닮아가는 것으로 보답해드리려는, 마치 바위를 굴리는 것과 같은 우리의 애씀이 있으면 하나님은 거기에 힘을 덧입혀주신다는 것이다.

그렇기 때문에 우리는 '구원의 복음'에는 처음부터 끝까지 하나님의 주도하심이 개입되어 있다는 사실을 절대로 잊어서는 안 된다. 아예 머리에 각인시켜야 한다.

본문인 로마서 1장 17절 말씀도 바로 이런 맥락에서 살펴봐야 한다.

> 복음에는 하나님의 의가 나타나서 믿음으로 믿음에 이르게 하나니 기록된 바 오직 의인은 믿음으로 말미암아 살리라 함과 같으니라
>
> 롬 1:17

이 17절 말씀은 로마서 전체를 한 구절로 축약해놓은 핵심 중의 핵심이라고들 말한다. 그리고 마르틴 루터의 경우 이 말씀 때문에 그 인생이 변화됐고, 루터가 바로 이 말씀을 깨달음으로 종교개혁을 단행했기 때문에 오늘날 우리가 다 그 혜택을 누리고 있다고 말할 수 있다. 그만큼 로마서 1장 17절은 중요한 구절이다. 따라서 이 말씀을 잘 살펴보는 것이 중요하다.

그런데 17절 말씀을 보면 여기에 중요한 포인트 두 가지가 있다. 하나는 "복음에는 하나님의 의가 나타나서"라는 부분이고, 또 다른 하나는 그다음에 나오는 "믿음으로 믿음에 이르게 하나니"라는 부분이다. 이 두 개념을 제대로 살피는 것은 정말 중요하다.

복음에는 하나님의 의가 나타나서

먼저 "복음에는 하나님의 의가 나타나서"라는 부분에 대해 살펴보자. 이것이 과연 무슨 뜻인가? 사실 신앙생활은 이 구절을 어떻게 해석하느냐에 달려 있다고 해도 과언이 아니다. 이 부분의 해석에 따라 신앙의 색깔이 결정된다고 할 수 있다.

그래서 이런저런 참고할 만한 책들을 살펴보니, 너무 많은 학자들의 여러 견해가 펼쳐져 있었다. 짧은 지면에서 그걸 다 방대하게 설명할 수는 없고 간단히 정리해보니, 여러 학자의 의견을 크게 두 가지로 분류할 수 있었다.

하나는 17절의 '하나님의 의'를 공의로우신 하나님의 '성품'으로 해석하는 견해이다. 그런가 하면, 또 다른 하나는 '하나님의 의'를 하나님이 행하신 의로운 '행위'로 해석하는 견해이다. 크게 이 두 가지 견해로 분류할 수 있는데, 이 차이가 어떤 결과를 가져오는가?

우선 '하나님의 의'를 공의로우신 하나님의 성품으로 보는 견해 속에는 영어로 'justice', 즉 심판의 요소가 담겨 있다. 다시 말해서 이 말씀 속에는 하나님께서는 피조물인 우리에게 '하나님의 의'를 요구하시는데, 그 의를 구현해내지 못하는 인생들에 대해서는 무서운 심판이 뒤따른다는 개념이 내포되어 있다.

그런가 하면 '하나님의 의'를 하나님이 행하신 의로운 행위로 해석하는 견해에는 무엇이 내포되어 있는가? 하나님께서는 우리가 자력으로는 하나님이 요구하시는 의를 절대로 구현해낼 수 없다는 걸 아시기 때문에 죄인을 의롭게 하기 위해 예수 그리스도를 보내주셨다. 그래서 우리가 예수 그리스도를 믿음으로 수용하고 받아들이면, 예수 그리스도의 의로 말미암아 우리가 하나님의 의에 이를 수 있다는 것이다. 이 하나님의 대안이 여기서 말하는 '하나님의 의가 나타났다'라는 의미이다.

이 두 갈래의 견해 중에 전자(前者)인 하나님의 의를 '하나님의 공의'로 생각하는 사람들은 심판을 받지 않기 위해 몸부림치고 애쓰는 모습을 보인다. 중세로 말하면, 고행을 하는 것이다. 어떻게 하든지 하나님으로부터 심판 받지 않기 위해 몸부림치는 중세의 모습을 보인다. 불행한 것은 아직도 많은 크리스천이 이 굴레를 벗어나지 못하고 있다는 것이다.

어떻게 해서든 내가 하나님을 잘 믿어보겠다고 발버둥 쳐야만 심판을 면할 수 있다고 생각하는 사람들의 특징이 뭔지 알지 않는가? 이 말씀을 제대로 깨닫기 전의 루터가 그랬던 것처럼, 날마다 두렵다. 날마다 불안하다. 왜냐하면 우리 인간은 하나님의 의를 자력으로 이룰 수 없기 때문이다. 우리에겐 그 능력이 없기 때문에, 그 의를 이루기 위해 고행을 하면 할수록 절망밖에 없는 것이다.

많은 성도가 이런 신앙생활을 하다 보니, 아이가 넘어져서 무릎에 피만 나도 '지난달에 십일조를 안 해서 벌 받는 건가?'라고 생각한다.

정말 가슴 아프게도 이런 생각을 부추기는 교회가 있다. 내가 어느 교회의 이야기를 듣고 충격을 받았던 적이 있다. 한 성도가 교회에서 상처를 많이 받고 가족과 의논하여 교회를 옮기기로 했다. 그랬더니 그 사실을 알게 된 교회에서 찾아와서 전해준 메시지의 핵심이 무엇인지 아는가?

"저주를 받을지어다."

이런 메시지를 받고 나면 자기 삶에서 일어나는 모든 일이 다 마음에 걸린다. 아침에 회사 출근하는데 바로 눈앞에서 지하철을 놓치면 '이게 저주의 시작인가?'란 생각부터 들기 마련이다. 그러니 공포를 가지고 살 수밖에 없다.

하나님의 의는 인간의 힘으로 이룰 수 없다

복음은 그런 게 아니다. 하나님의 의는 인간의 고행이나 노력으로 얻을 수 있는 것이 아니다. 하나님께서는 분명 그분의 피조물인 우리에게도 '하나님의 의'를 요구하신다. 하지만 범죄한 우리는 하나님의 의를 도저히 이룰 수 없는 무기력한 상태임을 아시고 우리에게 예수 그리스도를 보내주심으로 직접 '하나님의 의'를 제시해주셨다.

앞에서 잠깐 언급한 것처럼 종교개혁가 루터 역시 이 말씀을 깨달음으로 그 인생이 변화된 대표적인 경우이다. 루터는 어릴 때부터 열심히 신앙생활을 했지만, 안타깝게도 이것이 오히려 그를 더 불행하게 만들었다.

당시 로마 가톨릭에서 가르쳤던 하나님의 의는 한마디로

'justice' 아닌가? 그래서 어떻게든 하나님의 의를 이루고 싶었던 그는 수도사가 되고 하루에 일곱 차례씩 시간을 정해 기도하고 명상하는 시간을 가졌는가 하면, 애써 성경을 읽고 찬양하며 자신의 노력으로 '하나님의 의'를 이루고자 몸부림쳤지만, 그 마음에 확신이나 기쁨은 없었다. 마음에 기쁨이나 확신이 자리 잡기는커녕 스스로 하나님의 의를 이루려 애쓰면 애쓸수록 하나님에 대한 두려움과 공포가 커져만 갔다. 이래서는 하나님의 의에 이를 수 없다는 걸 확인할 수밖에 없었다.

그렇게 하나님에 대한 두려움이 커져가자 어차피 인간의 노력으로 이룰 수 없는 하나님의 의를 강요하는 하나님을 향한 분노와 울분이 생겨났다.

"어차피 우리가 할 수 없는 걸 요구하시고 못 한다고 벌주시는 하나님을 증오합니다."

그랬던 그가 로마서 1장 17절의 복음의 말씀을 제대로 깨닫고 달라졌다. 마르틴 루터에 대한 글을 많이 쓴 루터 학자 롤런드 베인턴(Roland Bainton)의 《마르틴 루터의 생애》란 책에 보면 이런 변화가 일어난 루터의 기쁨을 루터가 한 말을 그대로 인용하여 전하는 부분이 있다.

바울의 로마서를 이해하려고 몹시 애쓰는 나에게 큰 장애물은 '하나님의 의'였다. 그것은 내가 이 '의'라는 말을 하나님께서는 의로운 분이요, 따라서 불의한 사람들을 공정하게 처벌하신다는 뜻으로 받아들이고 있었기 때문이다.

그때 나의 상황으로 말하면 수도사로서는 털끝만치도 흠잡을 데가 없었지만, 하나님 앞에서는 여전히 마음이 괴로운 죄인이었기에 도무지 나의 공로를 가지고는 그분을 누그러뜨릴 자신이 없었다. 그러므로 나는 공정하고 성난 하나님을 사랑하지 않았으며, 오히려 증오하고 그분에게 투덜댔다. 그러면서도 여전히 나는 바울을 붙잡고 늘어지면서, 그의 말에 무슨 뜻이 담겨 있을까 하고 계속 생각했다.

밤낮을 가리지 않고 곰곰이 생각하던 어느 날, 나는 '하나님의 의'와 "의인은 믿음으로 말미암아 산다"는 말 사이에 관련이 있다는 걸 깨달았다. 그때 나는 하나님의 의란 하나님께서 은혜와 순수한 자비를 발휘하신 나머지 우리의 믿음을 보시고 우리에게 죄가 없는 것으로 취급하는 그 의라는 걸 터득했다.

그 순간 나는 새로 태어나서 열린 문을 통해 낙원에 이른 기분이었다. 성경 전체가 새로운 의미를 지녔으며, 전에는 하나님의 의 때문에 내 속은 증오로 꽉 차 있었지만, 이제는 그것이 이루 말할 수 없이 소중하게 되었으며 더 큰 사랑을 불러일으켰다. 바울 서신의 이 대목이 나에게는 하늘로 통하는 하나의 문이었다.

루터가 깨달은 게 무엇인가? 복음은 우리 인간이 애써 노력해서 얻는 게 아니란 것이다. 이미 범죄함으로 우리는 하나님의 형상을 잃어버렸다. 우리는 하나님의 의를 구현할 능력이 없다. 그렇기 때문에 우리는 하나님이 대안으로 주신 예수 그리스도와 그분의 십자가를 의지하고 나아갈 때에만 하나님의 의에 이를 수 있다는 것, 이것이 복음이란 것이다.

루터가 깨달았던 이 복음에 대한 정확한 이해를 우리도 깨달아 억압과 눌림으로부터 놓여나 주님 안에서 진정한 자유를 누리게 되기를 바란다.

에베소서 2장 8절을 보라.

> 너희는 그 은혜에 의하여 믿음으로 말미암아 구원을 받았으니 이것은 너희에게서 난 것이 아니요 하나님의 선물이라 엡 2:8

우리에게 이 감격이 필요하다. 이 말씀을 깨닫는 게 왜 중요한가 하면, 이런 말씀들 속에 내포되어 있는 '하나님이 주도하시는 복음'을 제대로 깨달을 때, 그것이 우리 삶 전반에 영향력을 미쳐 놀라운 변화가 일어나기 때문이다.

구체적으로 어떤 변화와 영향을 끼치는가? 여러 가지가 있겠지만, 여기서는 두 가지만 살펴보려고 한다.

복음이 주는 감격을 맛보게 된다

우리를 구원하시기 위한 '하나님의 주도하심'을 깨닫게 되면 얻게 되는 두 가지 변화 중의 첫 번째는 '복음이 주는 감격'을 맛보게 된다는 사실이다.

로마서에 나타난 바울의 감격을 한번 느껴보라.

우리가 아직 죄인 되었을 때에 그리스도께서 우리를 위하여 죽으심으로 하나님께서 우리에 대한 자기의 사랑을 확증하셨느니라 롬 5:8

그런즉 이 일에 대하여 우리가 무슨 말 하리요 만일 하나님이 우리를 위하시면 누가 우리를 대적하리요 롬 8:31

누가 우리를 그리스도의 사랑에서 끊으리요 환난이나 곤고나 박해나 기근이나 적신이나 위험이나 칼이랴 롬 8:35

바울의 감격이 느껴지는가? 우리도 이 감격을 회복해야 한다. 어느 글에 보니, 수학자 아르키메데스가 공중목욕탕에서 우연히 유체역학의 원리를 발견하고 얼마나 감격스러웠던지 자기가 지금 목욕하고 있다는 것조차 잊은 채 그대로 뛰쳐나가 "유레카! 유레카!"라고 외쳤다고 한다. 우리말로 하면 "난 이제 알았다! 난 이제 알았다!"라고 외치며 벌거벗은 채 거리를 뛰어다녔다는 것이다.

루터가 17절의 말씀을 깨달은 후의 감격이 바로 이와 같지 않았을까? 나를 억압하는 사탄의 세력으로 인해 늘 정죄 당하고 열등감에 빠져 초라하기 짝이 없는 내 삶 속에 복음의 빛이 비춰질 때, 우리에게도 이렇게 소리쳐 감격하는 기쁨이 있어야 하는 것 아닌가?

"이제 내가 깨달았다! 주님의 복음이 나를 구원했다!"

최근에 어느 칼럼을 읽는데, 이런 내용이 있었다.

한때 큰스님들을 만날 때마다 물었다. '깨달음의 맛은 어떤 맛이냐'고. 앞뒤 둘러볼 겨를도 없이 살아가는 세속인으로서 출가 수행자가 맛본 깨달음의 맛이 진짜 궁금했기 때문이다. 깨달음을 얻겠다고 '쇠로 된 나무에 꽃을 피워내듯' 평생을 비범한 삶을 산 선승(禪僧)들 아니던가?

먼저 꾸지람이 날아온다. "스스로 맛을 봐야지. 귀로 그 맛을 봐 뭐하게?"라는 호통이다.

이 칼럼을 읽고 나는 두 가지 결심을 했다. 하나는 나도 이 스님처럼 호통을 좀 쳐야겠다는 것이다. 루터가 맛본 복음의 감격을 그저 설교로 듣기만 한다면 무슨 소용이 있는가? 스스로 맛을 봐야지! 바울이 로마서 8장에서 복음의 감격을 노래하는 걸 읽는 게 무슨 의미냐는 것이다. 스스로 맛을 봐야지!

그리고 또 하나, 지금 스님들은 자기 스스로 도를 닦으며 묵상하는데도 '쇠로 된 나무에 꽃을 피워내듯' 다른 사람들이 알지 못하는 그 깊은 맛을 느끼며 살아간다고 하는데, 지금 우리가 믿는 복음은 이런 인간의 노력으로 얻는 기쁨 정도가 아니지 않은가? 우주의 주인 되시는 하나님, 나를 구원하신 예수 그리스도를 내 인생의 주인으로 삼고 그분을 묵상하며 살아가는 우리가 어떻게 그렇게 얕디얕은 가벼운 삶을 살 수 있느냐 말이다.

우리가 하나님께 회개하고 반성해야 하는 것은, 그 깊으신 하나님을 마음에 모시고 사는 우리인데 왜 이렇게 얕은 인생이 될 수밖에 없는가 하는 것이다. 우리 내면에 참으로 구원이 주는 감격이 회복되어 새로운 은혜를 누리게 되기를 바란다.

감격을 전하고자 하는 열망이 회복된다

그런가 하면, 두 번째로 우리를 구원하시기 위한 하나님의 주도하심을 깨달으면 어떤 변화를 겪게 되는가? 그 감격을 '전하고자 하는 열망'이 회복된다는 것이다.

> 그러므로 나는 할 수 있는 대로 로마에 있는 너희에게도 복음 전하기를 원하노라 롬 1:15

바울은 지금 로마에 있는 '너희'에게 복음 전하기를 원하고 있다. 기회가 되면 전하고, 아니면 말고가 아니다. 13절을 보라.

> 형제들아 내가 여러 번 너희에게 가고자 한 것을 너희가 모르기를 원

하지 아니하노니 롬 1:13

그런데 이 '너희'가 누구인가? 8절에 '너희'가 누구인지 나오는데, 깜짝 놀랄 만하다.

먼저 내가 예수 그리스도로 말미암아 너희 모든 사람에 관하여 내 하나님께 감사함은 너희 믿음이 온 세상에 전파됨이로다 롬 1:8

우리가 가진 선입견으로는, 복음은 예수 믿지 않는 사람들에게 전해야 한다고 생각하기 쉽지만, 그건 오해이다. 바울은 지금 예수 잘 믿는 정도가 아니라 그 믿음의 소문이 원근 각처로 퍼져나가는 그 사람들에게 복음 전하기를 갈망한다는 것이다.

여기서 우리가 깨달아야 할 중요한 포인트는, 복음은 예수 안 믿는 사람들에게 전도할 때에만 사용되는 도구가 아니라는 사실이다. 믿은 지 오래되었고, 예수 잘 믿는다고 자타 공인하는 사람에게도 복음은 끊임없이 전해져야 한다. 그래야 교회를 향한 열심은 있지만 그 내면에는 복음에 대한 감격이 다 식어버리는 불행한 일을 막을 수 있기 때문이다.

아무런 감격 없이 기계적으로, 습관적으로 교회에 나와 앉아 있는 성도들이 얼마나 많은가? 이런 증상을 보이는 모든 기존 신자들은 다 복음을 다시 들어야 한다.

주일날 지각하지 않고 교회에 나오는 것, 바른 자세로 앉아 예배를 드리는 것, 주중에 큐티를 하고 말씀을 읽는 것 등 올바른 신앙생활 태도를 갖는 것이 중요하지만, 그 모든 행위 이전에 나를 구원해주시기 위해 십자가를 지신 주님에 대한 구원의 감격이 회복되어야 한다는 것이다.

바울이 가진 열정이 바로 이것이었다. 바울은 복음으로 먼저 본인에게 이런 회복이 일어났고, 그리고 거기서 그치지 않고 그 회복된 감격을 이웃에게 전하고자 하는 열정이 마음 깊은 곳에서부터 솟아올랐다.

우리에게도 이런 복음의 감격이 회복되어야 한다. 그리고 이 감격이 회복될 때, 바울처럼 복음을 누군가에게 전하지 않고는 견딜 수 없는 마음이 생긴다는 사실을 깨달아야 한다.

루터가 왜 목숨 걸고 종교개혁을 했는가? 자기가 복음의 참 비밀, 로마서 1장 17절의 비밀을 발견하고 나니 주변 사람들이 너무나 불쌍한 것이다.

'이게 아닌데, 진리는 이게 아닌데….'

여전히 복음의 진리를 모른 채 그 암흑시대를 살아가는 인생들이 너무 불쌍하니까 종교개혁을 단행한 것 아닌가?

전도라는 것도 마찬가지이다. 내 안에 복음의 감격이 흘러 그 열정이 전해지는 게 전도이다.

앞에서 언급했던, 우리 교회에서 진행하는 에듀투게더 사역에 벌써 10년 넘게 봉사하고 있는 한 집사님의 아내가 홈페이지에 이런 고백을 남긴 적이 있다. 그 남편이 설교 중에 "하나님이 우리만 좋으라고 우리에게 은혜를 주신 게 아니다"라는 말씀을 듣고, 계속 밖으로 나가야겠다는 마음의 부담이 있었다고 한다. 그러던 어느 날 주보에서 '에듀투게더' 봉사자 모집 광고를 보고는 '이거구나!' 하는 생각이 들어 그때부터 아이들을 가르치기 시작했다고 한다. 그 과정을 지켜본 아내가 이런 글을 올린 것이다.

"처음 시작할 때는 중학생을 맡아서인지 부담 없이 하는 것 같더라고요. 그런데 그 학생들이 고3이 되자 수업 준비를 밤 늦게까지 몇 시간이고 해서 가요. 출장 갈 때는 고등 수학 책을 한 보따리 가지고 가서 수업 준비를 하기도 하지요. 바쁘고 힘들 텐데 어디서 그런 열정이 나오는지…."

이게 말이 되는가? 회사 일로 바빠 죽겠는데, 돈 한 푼 나오지 않는 무료 과외 공부를 시키기 위해 출장 가서까지 준비하는 열성이라니. 아내가 봐도 '어디서 이런 열정이 나오는지' 의아하기만 하다. 어디서 이런 열정이 나오는가? 나는 안다. 원래 복음의 속성이 그런 것이다. 내 안에 구원의 감격이 회복되면 그 구원이 흘러가게 되어 있다.

우리 교회의 한 가정이 3년 전에 큰 아픔을 겪었다. 부부가 같이 택배 일을 하면서 열심히 사는데, 미처 보지 못한 다른 운송차량과 충돌하여 아내가 그 자리에서 목숨을 잃었다. 그런데 그 큰 슬픔을

당한 가정을 위로하려고 심방을 갔던 담당 교구 목사님이 도리어 큰 은혜를 받았다면서 내게 메일을 보내왔다.

처음에는 분하고 원통한 마음에 보험 회사 측에 가해자를 만나지 않게 해달라고 요청했는데, 계속 마음속에 미움이 사라지고 용서해야 한다는 마음이 들어왔다는 것입니다. 특히 설교를 통해 'Be Christian, 크리스천답게 살자'는 말씀을 들으며 용서하지 못할 그 사람을 용서해야겠다는 마음이 점점 강하게 들어와 그 마음에 순종하여 주중에 가해자를 직접 만났다고 합니다. 만나 보니 어린아이와 장모님을 모시고 사는 38세의 젊은 분이었는데, 가해자 가족들에게 이렇게 말했다고 합니다.
"다 용서할 테니 식구들이 모두 교회 다니고 예수님 믿으면 좋겠습니다."
그 말씀을 하고 오셨답니다. 그 말씀을 듣고 그 가해자 아내와 장모님은 눈물을 흘렸다고 합니다.

이런 내용의 메일을 보는데 멍해졌다. 이런 힘이 어디에서 나오는가? 더 놀라운 건, 나중에 다시 들은 소식인데, 그 가해자 가정이 예수님을 영접하고 가까운 교회에 등록을 했다는 것이다.
복음은 쥐어짜서 우격다짐으로 전해지는 게 아니다. 우리 안에 흘러넘치는 복음의 향기로 전하는 것이다. 나는 이 집사님을 진심으로 존경한다. 그리고 이 집사님의 가정을 위해서 기도한다. 그 내면에 아내를 잃은 슬픔이 문득문득 마음을 아프게 하겠지만, 그때마다 복음이 바로 작동되어 그 마음을 만져주시는 성령님의 위로하심이 그 가정에 넘치기를 말이다.

당신은 지금 무슨 일로 아파하고 있는가? 누구를 용서하지 못해 힘들어하고 있는가? 무슨 일로 루터가 복음을 깨닫기 이전의 그 눌림과 두려움과 공포와 하나님을 향한 분노와 울분에 빠져 있는가? 우리에게 복음의 능력이 나타나기 바란다. 그 스님의 말처럼 남이 감격했다는 소리를 듣는 게 무슨 소용인가? 우리가 그 은혜를 누리고, 우리가 감격하길 바란다.

여호와의 말씀이니라 내 말이 불 같지 아니하냐 바위를 쳐서 부스러 뜨리는 방망이 같지 아니하냐 렘 23:29

이 복음의 뜨거움을 아는가? 바위를 쳐서 부스러뜨리는 이 복음의 능력을 아는가?

작은 산들과 큰 산 위에서 떠드는 것은 참으로 헛된 일이라 이스라엘의 구원은 진실로 우리 하나님 여호와께 있나이다 렘 3:23

우리 삶 속에서 맛보는 복음의 능력과 감격이 너무 커서 가해자를 용서해야겠다는 마음을 끊임없이 주시는 하나님의 의가 인간에게서 나오는 것이 아니라 하나님의 선물인 줄로 믿는다.

식어버린 구원의 감격이 회복되는 은혜를 누리게 되기를 바란다. 그래서 그 감격을 상한 심령으로 고통 당하는 주변 사람들에게 흘려보내는, 복음의 능력을 전하는 우리가 되기를 주님의 이름으로 축복한다.

로마서 1장 16,17절

16 내가 복음을 부끄러워하지 아니하노니 이 복음은 모든 믿는 자에게

구원을 주시는 하나님의 능력이 됨이라 먼저는 유대인에게요 그리고

헬라인에게로다 17 복음에는 하나님의 의가 나타나서 믿음으로 믿음

에 이르게 하나니 기록된 바 오직 의인은 믿음으로 말미암아 살리라 함

과 같으니라

믿음으로 반응하라

앞 장에 이어 계속해서 로마서 1장 16,17절 말씀을 살펴보자. 이 말씀은 로마서 전체 내용을 압축해놓은 매우 중요한 말씀이기 때문에, 이 말씀을 정확하게 이해하고 넘어가는 것이 이후에 나오는 모든 로마서의 말씀을 이해하는 데 결정적인 열쇠가 된다고 생각한다.

복음에는 풍성한 능력이 있다

로마서 1장 16,17절에서 바울이 제일 먼저 고백하는 게 뭔가? 자기는 복음을 부끄러워하지 않는다는 것이다. 왜 복음을 부끄러워하지 않는가 하니, 복음에는 하나님의 능력이 나타나서 그렇다는 것이다.

내가 복음을 부끄러워하지 아니하노니 이 복음은 모든 믿는 자에게 구원을 주시는 하나님의 능력이 됨이라 먼저는 유대인에게요 그리고 헬라인에게로다 롬 1:16

복음에는 능력이 있어서 유대인이든 헬라인이든, 많이 배운 사람이든 별로 배운 게 없는 사람이든 누구나 할 것 없이 복음을 믿음으로 받아들이기만 하면 그 복음 안에 영육 간에 구원을 주시는 하나님의 능력이 나타난다는 것이다. 바울이 지금 그 사실을 강조하고 있는 것이다.

자, 그렇다면 어떻게 복음이 모든 믿는 자에게 구원을 주시는 하나님의 능력이 되는가? 이 질문에 대해 17절에서 이렇게 설명한다.

복음에는 하나님의 의가 나타나서 믿음으로 믿음에 이르게 하나니 롬 1:17

복음이 어떻게 모든 믿는 자에게 구원을 주시는 하나님의 능력이 되는가 하니까, 복음에는 하나님의 의가 나타나기 때문이라는 것이다. 바로 앞 장에서 '하나님의 의가 나타난다'는 게 뭘 의미하는지 살펴보았다.

'하나님의 의가 나타나서'라는 말씀은 크게 두 갈래로 해석할 수 있는데, 하나는 '하나님의 의'를 '공의로우신 하나님의 성품'으로 해석하는 것이고, 또 다른 하나는 '하나님께서 행하신 의로운 행위'로 해석하는 것이라고 했다.

나는 이 두 가지 견해 중에 어느 하나를 택해야 한다고 생각하지 않는다. 예수 믿는 우리 안에 이 두 가지 요소가 다 담겨야 한다고 믿기 때문이다.

우리가 크리스천이라면 우리 삶에는 반드시 '공의로우신 하나님의 성품'이 나타나야 하고, 그런가 하면 만약 내 안에 그런 '선한 모습'이 나타난다면 그 공로를 전적인 하나님의 은혜로 돌리는 겸손한 태도가 필요한 것이다.

이 두 가지 요소가 내 안에서 잘 정리되어 있을 때 '복음이 뭔지 안다'라고 말할 수 있을 것이다.

이런 맥락에서 로마서 1장 16,17절에 나오는 복음과 관련한 흐름을 보면 세 가지로 정리가 된다.

첫째, 나는 복음을 부끄러워하지 않는다.

둘째, 왜냐하면 복음은 하나님의 능력이기 때문이다.

셋째, 그럼 어떻게 그 복음이 능력이 될 수 있는가? 복음에는 '하나님의 의'가 나타나기 때문이다.

이 세 요소를 다 합하면 복음에 대해 이렇게 요약할 수 있다.

"복음은 우리를 영육 간에 풍성함으로 인도하는 하나님의 능력이다."

'하나님의 풍성함'에 대해 묵상하다 보니 오래전에 들었던 어떤 할머니의 이야기가 떠올랐다. 외아들을 둔 한 할머니가 계셨다. 그런데 그 외아들이 미국으로 이민을 가게 되면서 할머니만 홀로 한국에 남겨지게 되었다. 그러면 그 아들이 어떻게 해야 하는가? 당연히 한국에 계시는 어머니가 잘 지내실 수 있게 생활비를 보내드려야 하지 않겠는가?

그런데 그 아들이 어머니가 홀로 계시는 걸 알면서 돈을 안 보내주는 것이다. 할머니는 말로 다할 수 없는 궁핍한 생활을 이어갔다. 그러니 주변 사람들이 불효자식이라고 그 아들 욕을 얼마나 했겠는가?

그런데 나중에 알고 보니, 그 아들은 매달 정성스러운 편지와 함께 어머니가 한 달 내내 넉넉히 쓸 수 있는 돈을 수표로 보내드렸단다. 그런데 수표의 가치를 모르시는 할머니가 아들이 보내준 편지와 함께 수표를 그냥 차곡차곡 쌓아만 두고 궁핍한 생활을 하셨다는 것이다.

복음이 우리 삶에 능력이 된다는 사실을 모르고 살아가는 크리스천의 모습이 딱 이와 같다.

휴면계좌라는 게 있다. 분명히 통장에 돈이 들어 있는데, 통장 주인이 그걸 몰라서 찾아가지 않은 채 잠들어 있는 게 휴면계좌다. 추정하기를 지금 우리나라에서 휴면계좌로 억울하게 묻혀 있는 돈이 무려 2,400억 원이나 된다고 한다. 그리고 점점 더 늘어나고 있다는 것이다. 복음의 능력이 뭔지 모르고 궁금하게 살아가는 우리의 모습이 딱 이와 같지 않은가?

요한복음 10장 10절을 보라.

> 도둑이 오는 것은 도둑질하고 죽이고 멸망시키려는 것뿐이요 내가 온 것은 양으로 생명을 얻게 하고 더 풍성히 얻게 하려는 것이라
>
> 요 10:10

그렇기 때문에 복음은 우리가 죽어서 천국 갈 때 사용하는, 그래서 그때까지 서랍 속에 넣어두는 천국행 티켓 같은 게 아니다. 나는 외국 집회 때문에 해외에 갈 일이 간혹 있는데, 보통 일정이 미리 나오기 때문에 표를 끊을 때 조금이라도 싸게 구입하려고 몇 달 전부터 확인해서 가장 저렴한 표를 미리 끊어놓는다. 거의 5,6개월 전에 끊을 때도 있다. 그러고는 여권과 함께 서랍에 넣어두고 평소엔 꺼내보지 않는다. 그걸 언제 꺼내는가? 당일에 출국하기 위해 공항에 갈 때, 여권과 프린트한 티켓을 들고 가는 것이다.

오늘 신앙생활 하는 수많은 사람들이 복음의 능력을 그런 식으로 서랍에 넣어놓고 천국 갈 때 꺼내 쓰려고 한다. 삶 속에서는 그 복음의 능력을 활용할 생각을 안 한다.

복음은 그런 게 아니다. 하나님과 원수 되어서 늘 두려움과 공포

속에 살던 사람이 복음을 통해 하나님을 알게 되고 복음의 능력을 경험하니 그야말로 '그 두려움이 변하여 내 기도 되었고, 전날의 한숨 변하여 내 노래 되었네'라는 찬양을 기쁨으로 드리게 되는 것이다. 이것이 복음의 능력이다.

복음을 맛보아 알게 됐더니

시편 34편 8절을 보자.

> 너희는 여호와의 선하심을 맛보아 알지어다 그에게 피하는 자는 복이 있도다 시 34:8

앞에서도 말했지만 이 복음의 맛을 우리가 직접 맛보아 알아야지, 교회에 와서 만날 남이 들려주는 것만 들어봐야 무슨 소용인가?

이 말씀을 한참 정리하고 있을 때 경주에 사는 어느 분에게 편지를 받았다. 오랜만에 받아보는 손편지였다.

저는 경주에 살고 있는 성도입니다. 저는 지난 2월 10일, 복음을 받고 지금까지 주님만 생각하는 그런 사람입니다. 그 전까지는 너무나 무지한 무신론자로서 교회를 욕하고 무시하고 우상숭배를 열심히 하던 사람이었습니다. 그래서 살아온 세월도 어려움과 궁핍함과 좌절, 타오르는 분노의 모습…. 사는 게 지옥, 딱 그것이었습니다.

편지가 이렇게 시작되는데, 이 편지를 받던 당시가 3월 초이니 이분이 복음을 받은 지 채 한 달도 되지 않았던 시점이었다. 그런데 불신자였던 이분이 복음을 받은 이후로 복음의 능력을 알게 됐다는 것이다. 복음이 자기 삶을 얼마나 놀랍게 변화시켰는지, 그 기쁨이 너무 커서 최근 한 달 안에 일어난 자신의 변화를 빽빽하게 적어서 무려 여섯 장을 보내왔다.

그러면서 이분이 명절에 친정아버지를 만나 복음을 전했던 이야기를 전해주었다. 한 달 전이 아니라 십 년 전, 이십 년 전, 어머니 배 속에 있을 때부터 복음을 들었지만, 아직 한 번도 그 복음을 누군가에게 전해보지 못한 사람들에겐 너무 놀라운 이야기 아닌가? 중요한 것은, 그렇게 친정아버지에게 복음을 전했더니 놀라운 일이 생겼다는 것이다. 계속 편지를 인용해보겠다.

아빠의 눈물과 저의 눈물로 한동안 회개의 기도도 드리고, 감사의 기도도 드리고, 구원의 기도도 드렸습니다. 저 또한 복음을 받은 지 며칠 지나지 않은 때라 어찌 해야 할지 몰랐는데, 그때는 제가 아닌 성령의 인도로 아빠의 손을 꼭 잡고 기도했습니다. 주님께서 바로 응답을 주시더군요. 갑자기 아빠의 얼굴이 기쁨으로 가득하시더니, 엄마한테도 가서 나한테 한 것처럼 해주라고 하시더군요.

이것이 바로 한 달 전에 처음 예수 믿은 사람이 경험한 복음의 능력이다. 나는 빽빽하게 적힌 그 은혜의 간증을 읽으면서 너무 감사했다.

오늘도 일하시는 하나님! 그 사람이 유대인이든, 헬라인이든, 모태신앙인이든, 예수 믿은 지 한 달밖에 안 된 사람이든 복음의 능력을 믿고 그 복음의 능력을 가지고 나아가는 사람에게는 오늘도 복음의 역사가 나타난다는 것, 이것이 우리에게 얼마나 위로가 되는 말씀인가?

그 후로 한동안 그 편지를 갖고 다녔다. 꼭 하나님이 내게 보내주신 연애편지처럼.

오늘날 복음을 마음 깊은 서랍 속에 넣어두고 삶 속에서 활용하지 못하는 성도들은 다 깨달아 알게 되기를 바란다. 복음이 삶 속에 작동되는 능력임을 말이다. 목사이고, 장로이고, 권사이고, 집사이고, 그런 타이틀이 중요한 게 아니다.

갈라디아서 5장 5,6절을 보자.

우리가 성령으로 믿음을 따라 의의 소망을 기다리노니 그리스도 예수 안에서는 할례나 무할례나 효력이 없으되 사랑으로써 역사하는 믿음뿐이니라 갈 5:5,6

내 믿음이 성숙한가 그렇지 않은가를 가늠하는 잣대는 딱 하나다. 그 믿음이 내 안에서 작동되느냐, 안 되느냐의 문제이다.

그런데 여기서 한 가지 살펴볼 점이 있다. 하나님께서는 우리에게 복음을 주셔서, 다른 말로 하면 예수 그리스도를 우리를 위해 보내주셔서 죄에 빠진 우리를 구원해주기 원하시는데, 한 가지 조건이 있다는 것이다. 그 조건이 무엇인가? 17절을 다시 보라.

복음에는 하나님의 의가 나타나서 믿음으로 믿음에 이르게 하나니 기록된 바 오직 의인은 믿음으로 말미암아 살리라 함과 같으니라

롬 1:17

우리 삶에 복음의 능력이 나타나기 위해서는 그 하나님의 사랑과 배려에 대한 우리의 반응으로 '믿음'이란 조건이 필요하다는 것이다. 그래서 나는 믿음에 대해서 이렇게 정의할 수 있다고 생각한다.

"믿음이란 하나님의 호의를 거절하지 않고 수락하는 마음의 태도이다."

이게 무슨 말인지 알려면 17절의 "믿음으로 믿음에 이르게 하나니"라는 부분을 이해하는 게 중요하다. 이 부분을 좀 더 분명하게 알기 위해서 여러 권의 책을 참고하며 묵상하다가 많은 깨달음을 얻었다.

여기에 나오는 '믿음'은 헬라어로 '피스티스'라는 단어인데, 이 단어는 원래 '신실함'이란 뜻을 가지고 있는 단어이다. 이 단어가 로마

서 3장 3절에도 나온다. 한번 보자.

어떤 자들이 믿지 아니하였으면 어찌하리요 그 믿지 아니함이 하나
님의 미쁘심을 폐하겠느냐 롬 3:3

여기 나오는 미쁘심이 '피스티스'이다. 이걸 그대로 우리말로 번
역하면 '그 믿지 아니함이 하나님의 믿음을 폐하겠느냐'인데, 이렇게
해석하면 말이 안 되는 것 같다. 그렇기 때문에 여기 나오는 '미쁘
심'은 '하나님의 신실하심'으로 번역하는 게 더 정확하다.
  또 로마서 3장 22절에도 '피스티스'라는 단어가 나온다.

곧 예수 그리스도를 믿음으로 말미암아 모든 믿는 자에게 미치는 하
나님의 의니 차별이 없느니라 롬 3:22

신약학 교수인 김도현 교수의 책을 보니, 여기 나오는 믿음도 '신
실함'으로 번역해야 된다고 한다. 그래서 22절 말씀을 직역하면 이
와 같다.
  "그런데 하나님의 의는 예수 그리스도의 신실함을 통하여 오는
것인데 모든 믿는 자에게 옵니다."
  그러면서 이 부분을 참 잘 정리해주었다.

믿음이란 한 번 약속한 것은 끝까지 지키시는 하나님의 신실함에서 부터 오는 것인데, 그 하나님의 신실하심이 예수 그리스도의 신실하심을 통하여 우리에게 전달되고, 그렇게 우리에게 전달된 하나님의 신실하심에 대해 우리 인간이 신실하게 반응하는 태도입니다.

이게 믿음이라는 것이다. 그래서 창세기 15장 6절에 보면 이렇게 기록하고 있다.

아브람이 여호와를 믿으니 여호와께서 이를 그의 의로 여기시고
창 15:6

하나님은 아브라함에게 한 번 약속하시면 변치 않으시는 신실하심으로 다가가셨고, 아브라함은 그 하나님의 신실하심을 거절하지 않고 호의를 신실하게 수용하여 순종하며 나아갔다. 이것이 믿음인데, 하나님이 그 믿음을 의로 보셨다는 것이다. 행위가 아니라 여호와를 향한 그 신실한 반응이 '의'라는 것이다.

믿음이 중요한 이유

그러면 이런 질문이 가능하다. 하나님은 왜 믿음을 그렇게 중요하게 여기시는가? 하나님은 우리 인간의 신실한 반응에 왜 그런 큰 의미를 두시는가?

앞에서 믿음을 '하나님의 호의를 거절하지 않고 수락하는 마음의 태도'라고 정의하지 않았는가? 그렇다면 십자가를 보내주신 하나님의 호의에 대한 인간의 신실한 반응은 무엇을 의미하는가?

예를 들어 설명해보자면, 내가 밤을 새워 설교를 준비해서 강단에서 말씀을 전하는데, 그 호의를 잘 안 받는 분이 있을 수 있다.

'저 목사님 설교를 한 10년 들었더니 이제 더 이상 들을 게 없다.'

이렇게 반응하는 사람이 있다면 그 분은 나의 호의를 수락하지 않는 것이다.

그런데 앞에서 언급했던, 경주에 사는 어떤 초신자처럼 TV를 통해 선포되는 내 설교를 듣고, 비록 누군지도 잘 모르는 사람이 전하는 말씀이지만 나의 호의를 신실하게 받아주니까 여섯 장이나 되는 손편지를 보내는 사랑의 반응으로 나타난 것이다. 하나님이 중요하게 생각하시는 믿음의 핵심이 바로 여기에 있다.

그렇기 때문에 우리는 하나님께서 생각하시는 믿음의 속성을 정확하게 알고 믿는 것이 중요한데, 하나님이 생각하시는 '믿음의 두 가지 속성'이 있다.

믿음은 하나님과의 관계성이다

첫째로, 믿음이란 '하나님과의 관계성'의 문제이다.

앞에서 '믿음'으로 번역되는 '피스티스'라는 단어가 원래 '신실함'이란 뜻을 가지고 있다고 했는데, 이 단어 자체가 관계성을 전제로

하는 것 아닌가?

요한계시록 3장 20절을 보자.

볼지어다 내가 문밖에 서서 두드리노니 누구든지 내 음성을 듣고 문을 열면 내가 그에게로 들어가 그와 더불어 먹고 그는 나와 더불어 먹으리라 계 3:20

관계로 다가오기 원하시는 주님의 마음이 이것만큼 잘 표현된 말씀이 없는 것 같다.

또 요한복음 10장 14절도 보라.

나는 선한 목자라 나는 내 양을 알고 양도 나를 아는 것이 요 10:14

이게 다 우리와 관계 맺고 교제하기를 원하시는 주님의 마음을 담은 말씀들 아닌가? 이처럼 하나님은 우리와 관계 맺기를 무엇보다 원하신다.

누가복음 4장 34절을 보면, 참 재밌는 장면이 하나 연출된다.

아 나사렛 예수여 우리가 당신과 무슨 상관이 있나이까 우리를 멸하러 왔나이까 나는 당신이 누구인 줄 아노니 하나님의 거룩한 자니이다 눅 4:34

지금 예수 그리스도를 잘 안다고 고백하고 있는 이 대사의 주인공이 누구인가? 귀신이다. 귀신이 예수님에 대해 잘 알고 있다고 호언한다. 이 말씀에서 깊이 깨달아야 할 포인트가 무엇인가?

귀신이 갖고 있던 '예수님에 대한 지식'을 믿음이라 말하지 않는다는 사실이다. 이유가 뭔가? 예수님을 잘 안다고 호언하는 귀신이 지금 뭐라고 말하는가?

"우리가 당신과 무슨 상관이 있나이까?"

왜 귀신이 가진 '예수님에 대한 지식'을 믿음이라 말할 수 없는지 알겠는가? 믿음은 지식이 아니라 관계이기 때문이다.

나는 이 구절을 보면서, 귀신 들린 상태는 입에 거품 물고 뒹구는 현상으로 판단할 것이 아니라, "우리가 당신과 무슨 상관이 있나이까? 나 좀 내버려두세요"라고 반응하는 것이 영적으로 귀신 들린 상태라는 사실을 깨닫는다. 다시 말해 하나님의 호의를 거부하는 마음의 상태, 이것이 귀신 들린 상태이다. 거듭 강조하지만 믿음은 지식이 아니다.

믿음은 하나님을 향한 전적 의지이다

둘째로, 믿음이란 '하나님을 향한 전적 의지'의 문제라는 것이다. 하박국서 2장 4절에 이런 말씀이 나온다.

보라 그의 마음은 교만하며 그 속에서 정직하지 못하나 의인은 그의

믿음으로 말미암아 살리라 합 2:4

보면 알겠지만 본문 로마서 1장 17절은 바울이 하박국서의 이 말씀을 인용한 것이다.

하박국서의 배경은 이렇다. 당시 이스라엘 백성들은 하나님을 의지하지 않고 우상을 의지하고 섬기다가 하나님의 심판을 받아 신흥 강대국으로 부상했던 바벨론에 의해 망하게 된다. 지금 하박국이 바로 이 사실을 예언하면서, 그러나 이런 비참한 하나님의 심판 가운데도 "의인은 믿음으로 말미암아 살 수 있다"는 말씀을 선포하고 있는 것이다.

여기서 한 가지 알 수 있는 것은, 하박국 선지자가 믿음과 대조되는 개념으로 '교만'을 들고 있다는 것이다.

하박국서 2장 4절을 다시 보라.

보라 그의 마음은 교만하며 그 속에서 정직하지 못하나 의인은 그의 믿음으로 말미암아 살리라 합 2:4

여기 보면 '믿음'에 반대되는 개념으로 '교만'을 명시하고 있는데, 이것이 뭘 의미하는가?

내가 이 부분을 묵상하고 있는데, 하나님께서 아끼는 후배 목사님을 내게 보내주셔서 그 의미를 깨닫게 해주셨다. 그날 오랜만에 찾아온 후배 목사와 대화하다가 눈시울이 붉어질 만큼 은혜를 많이 받았다.

그 목사님은 언어감각이 탁월해서 히브리어뿐만 아니라 고대 언어에도 능통했다. 그래서 미국으로 유학 가서 히브리어를 공부하고 학자가 되기로 결심했다. 그런데 절망적인 일이 벌어졌다. 유학 생활 중에 병이 찾아온 것이다. 뇌의 신경세포, 더 정확히 말하면 '해마'라고 하는, 인간이 학습한 것을 기억하고 저장하는 기능을 가진 신경세포에서 언어 쪽으로 올라가는 중추신경세포가 파괴되는 병을 만난 것이다.

머릿속에 히브리어 지식을 담아놓는 세포가 파괴되고 있다는 게 무슨 뜻인가? 공부해놓은 것을 다 까먹고 있는 중이란 것이다. 얼마나 낙심되었겠는가? 그래서 중도에 공부를 포기하고 2년 전에 한국에 돌아와 그때도 인사하고 이런저런 기도제목을 나누었는데, 이번에 2년 만에 다시 찾아온 것이다.

참 마음이 아팠던 게 해마, 즉 뇌에 있는 그 기억 세포가 지금도 계속 파괴되고 있는 중이어서 그동안 공부했던 지식을 다 까먹고 있다는 것이다. 어떨 때는 강단에 서서 설교를 하면 바로 앞 단락이 뭐였는지도 기억이 안 난다고 한다.

그런 아픈 이야기를 쭉 듣고 있자니, 얼마나 가슴이 아팠는지 모른다. 그래서 그 분을 위로하느라 이런 말을 했다.

"정말 어떻게 이런 일이 있을 수 있습니까? 너무 안타깝고 억울한 일입니다."

그랬더니 그 목사님이 너무나 의외의 이야기를 하셨다.

"목사님, 아닙니다. 저는 지금 이 과정이 하나님께 너무 감사합니다."

나는 이 말이 그냥 하는 인사치레라고 생각했다. 그런데 그게 아니었다.

약한 데서 온전해지는 믿음

이분이 지금 해마가 파괴되는 병을 만나서 유학을 포기하고 사람 이름도 잘 기억이 안 나는 이 상황이 왜 자기에게 감사인지를 설명하는데, 정말 큰 감동을 받았다. 그 분은 자신의 상황을 설명하기 위해서 고린도후서 11장에 나오는 바울의 이야기를 했다. 우리가 알다시피 바울은 복음을 위하여 섬기며 사역하는 내내 수많은 사람들에게 끊임없이 공격을 당했다. 심지어 같은 복음을 전하는 동역자들조차 바울을 대적하는 일이 많았다.

"당신이 어떻게 사도냐? 누가 당신을 사도로 임명했느냐? 그리고 당신은 사도다운 신비로운 체험을 경험한 적이 있느냐?"

바울은 이런 모독적인 공격을 받곤 했다. 아마 우리 같았으면 계속되는 이런 공격에 절망하며 무너졌을 것이다. 그런데 바울은 그런 공격에 흔들리지 않았다. 이것이 우리가 바울을 존경하는 이유 아닌가?

그런데 그날, 그 후배 목사님이 고린도후서 11장과 12장 말씀을 인용하면서 바울이 자신을 공격하는 사람들에게 어떻게 응수했는지를 설명하는데, 내용이 이랬다.

우선, 바울은 고린도후서 11장 22절에서 자신을 향한 인신공격에 대해 이렇게 응수한다.

그들이 히브리인이냐 나도 그러하며 그들이 이스라엘인이냐 나도 그러하며 그들이 아브라함의 후손이냐 나도 그러하며 고후 11:22

또 24절도 보면 이렇게 고백한다.

유대인들에게 사십에서 하나 감한 매를 다섯 번 맞았으며 세 번 태장으로 맞고 한 번 돌로 맞고 세 번 파선하고 일주야를 깊은 바다에서 지냈으며 고후 11:24,25

이외에도 고린도후서 11장에서 바울은 자기가 사도로 헌신하는 동안 얼마나 많은 고난과 핍박을 받았는지를 쭉 피력한다. 그리고 12장에서는 자기가 체험한 것에 대해 말한다.

내가 부득불 자랑하노니 주의 환상과 계시를 말하리라 내가 그리스도 안에 있는 한 사람을 아노니 그는 십사 년 전에 셋째 하늘에 이끌려 간 자라 (그가 몸 안에 있었는지 몸 밖에 있었는지 나는 모르거니와 하나님은 아시느니라) … 그가 낙원으로 이끌려 가서 말로 표현할 수 없는 말을 들었으니 사람이 가히 이르지 못할 말이로다 고후 12:1-4

놀라운 것은 바울이 이런 놀라운 자기 이야기를 쭉 들려주면서 하는 말이, 자신의 사도 됨은 당신들이 원하는 이런 식의 화려한 경력이나 놀라운 경험으로 증명되는 것이 아니라는 것이다.

그러면서 바울은 자기가 생각하는 사도의 자격이란 이런 것들이라면서 자신의 사도 됨을 증거하는 자료로 두 가지를 제시하는데, 그중 하나가 고린도후서 11장 33절이다.

나는 광주리를 타고 들창문으로 성벽을 내려가 그 손에서 벗어났노라 고후 11:33

당황스럽게도 바울은 지금, 예전에 자신이 목숨을 부지하려고 체면이고 뭐고 다 버리고 들창문을 뜯어 광주리를 타고 도망갔던 초라한 모습을 자신의 사도 됨의 증거라고 제시하고 있는 것이다. 너무나 당황스러운 이야기 아닌가?

또 하나, 바울이 자신의 사도 됨을 증거하는 자료로 제시하는 것은 고린도후서 12장 7절이다.

여러 계시를 받은 것이 지극히 크므로 너무 자만하지 않게 하시려고 내 육체에 가시 곧 사탄의 사자를 주셨으니 이는 나를 쳐서 너무 자만하지 않게 하려 하심이라 고후 12:7

여기 나오는 바울의 '육체의 가시'가 무엇인지에 대해서는 학자들마다 의견이 분분한데, 그중에 많은 학자가 바울의 가시가 간질이었다고 이야기한다.

이것이 놀라운 것은, 그 당시는 간질을 병으로 생각하기보다 귀신을 제어하지 못해서 귀신이 들락날락거리며 그 사람을 가지고 노는 상태라고 생각하던 시대였다는 것이다. 그러니 바울이 고백하고 있는 '육체의 가시'는 그만큼 자신의 연약함을 적나라하게 드러내는 이야기 아닌가? 그렇기 때문에 사실은 상대방의 공격에 빌미를 줄 수 있기에 숨겨야 할 내용들이었다.

그런데 놀랍게도 바울은 "내가 사도 됨에 대한 증거를 대볼까?"라고 하면서 들창문으로 도망갔던 비참했던 일과 간질로 고통당하는 자신의 연약함을 든 것이다.

바울이 이런 의외의 고백을 하면서 하는 말이 이렇다.

내가 부득불 자랑할진대 내가 약한 것을 자랑하리라 고후 11:30

그리고는 왜 자기의 약함을 자랑할 수 있는지를 이렇게 설명한다.

나에게 이르시기를 내 은혜가 네게 족하도다 이는 내 능력이 약한 데서 온전하여짐이라 하신지라 그러므로 도리어 크게 기뻐함으로 나의 여러 약한 것들에 대하여 자랑하리니 이는 그리스도의 능력이 내게 머물게 하려 함이라 그러므로 내가 그리스도를 위하여 약한 것들과 능욕과 궁핍과 박해와 곤고를 기뻐하노니 이는 내가 약한 그때에 강함이라 고후 12:9,10

그날 그 후배 목사가, 자기가 미국 유학 중에 그동안 자기가 노력했던 히브리어를 비롯해 고대 언어에 대한 해박한 지식을 다 까먹는, 뇌의 신경세포가 파괴되는 병을 만나 괴로운 현실이 왜 자신에게 기쁨이 되는지를 설명하면서 바울의 사례를 쭉 드는데, 이야기를 마칠 무렵 이런 말을 했다.

"목사님, 강단에 서서 설교를 할 때 전에는 성도들이 은혜 받았다고 하면 '내가 얼마나 준비를 많이 했는데, 그리고 내가 이 방면에 얼마나 많은 지식을 갖고 있는데 이런 평가는 당연하지' 하는 생각이 들었는데, 요즘은 강단에서 말씀을 전하는 것 자체가 은혜예요."

그날 후배가 가고 나서 많이 울었다. 그토록 원했던 유학을 포기하게 만든 병, 그리고 그 병으로 인해 여러 심각한 증상이 나타나는 상황에서 어떻게 이런 놀라운 간증을 할 수 있단 말인가?

"이만큼 사람이 많이 모여드는 내 목회를 보고도 모르겠냐? 수많은 사람들이 내 설교를 듣고 있는데, 그걸 보면 모르냐?"

바울은 이런 걸 내세우지 않았다.

"너희들이 자꾸 그런 얘기를 하니까 내가 경험한 신비로운 체험을 말할 수밖에 없지만, 그것이 나의 사도 됨을 말하는 게 아니다. 나의 사도 됨은 체면이고 뭐고 목숨 부지하겠다고 본능에 이끌려 들창문으로 내려가던 초라한 그 모습, 그 당시 심약해서 귀신이 들락날락거린다고 생각하던 간질에 걸렸던 그 모습이 나의 사도 됨을 증거한다. 왠지 아느냐? 이런 나의 약함 때문에 예수 그리스도가 내 안에 머물고 계시기 때문이다."

나는 과연 나의 목사 됨을 무엇으로 나타내고 있는가?

믿음으로 산다는 것은

그 무렵, 한참 교회에서 로마서 설교가 선포되고 있을 때 우리 교회의 한 자매에게서 메일이 왔다.

"목사님, 간혹 목사님께서 지적하시는 5대째 예수 믿는 무기력한 모태신앙, 그게 바로 접니다. 그런데 목사님, 저는 '복음의 능력'이 무엇인지 정말 모르겠습니다. 제게 복음의 능력이 나타나지 않아요. 어떻게 하면 복음의 능력이 나타나겠습니까?"

내가 뭐라고 답했는지 아는가?

"왜 그렇게 생각합니까? 제가 보기에 자매는 지금도 충분히 멋지고 아름답게 살아가고 있습니다."

내가 그 자매를 알기 때문이다. 소박하고 드러나지 않는 삶이지만, 겸손한 그의 삶을 알기 때문에 그런 말을 할 수 있었던 것이다.

무엇이 능력인가? 어떻게 사는 게 복음의 능력을 경험하며 사는 것인가? 슈퍼맨이 되는 게 능력이 아니다. 빌립보서 4장을 보라.

내가 궁핍하므로 말하는 것이 아니니라 어떠한 형편에든지 나는 자족하기를 배웠노니 나는 비천에 처할 줄도 알고 풍부에 처할 줄도 알아 모든 일 곧 배부름과 배고픔과 풍부와 궁핍에도 처할 줄 아는 일체의 비결을 배웠노라 빌 4:11,12

바울이나 그 후배 목사처럼 자기가 가진 능력이나 지식이나 자신을 강력하게 만드는 그 무엇을 의지하는 것이 아니라, 삶의 그 자리에서 오직 나를 위하여 십자가 지신 예수 그리스도, 그분만을 철저하게 믿고 의지하는 삶을 살아내는 것이다. 그것이 복음을 경험하며 사는 삶이다.

내게 능력 주시는 자 안에서 내가 모든 것을 할 수 있느니라 빌 4:13

그리고 바로 이것이 능력이다.

그 후배 목사님이 나와 헤어지기 전에 무슨 이야기를 했는지 아는가?

"목사님 제가 지금 기도하고 있는 것은 북한에 선교사로 가는 것이 어떨까 하는 것입니다. 지금 그 고민을 하고 있습니다."

그다음 설명이 기가 막힌다.

"왜 북한인지 아십니까, 목사님? 제가 해마가 파괴되는 병을 앓으면서 할 수 있는 외국어가 없어졌습니다. 그래서 전 세계에서 유일하게 우리나라 말로 선교할 수 있는 곳인 북한에 가서 선교할까 고민 중에 있습니다."

목자가 양을 알듯이 우리를 알고 계시는 하나님께서 그 목사님의 마음을 모르시겠는가? 아마도 이렇게 말씀하시며 격려해주실 것이다.

'어떤 달변가가 줄줄 하는 설교보다 네 설교가 더 소중하다. 네 마음이 더 소중하다.'

오늘 예수 믿는다는 것 때문에 이렇게 억울하고 저렇게 마음 상하고, 그러면서도 복음을 믿기 때문에 참아내고 있는 수많은 성도의 그 애씀을 하나님이 모르시겠는가? 그 애씀을 하나님이 외면하시겠는가?

나는 선한 목자라 나는 내 양을 알고 양도 나를 아는 것이 요 10:14

하나님이 알고 계신다. 그리고 그 하나님의 복음의 능력으로 말미암아 우리가 약한 데서 온전하여질 줄 믿는다. 그렇기 때문에 우리가 복음을 제대로 이해하게 될 때, 내 약함을 자랑하고 내 약함을 부끄러워하지 않게 될 줄 믿는다. 오직 하나님만을 의지하는 믿음이 회복될 줄 믿는다. 이것이 믿음으로 사는 것이다.

3
PART

복음 으로

이긴다

로마서 1장 18-23절

18 하나님의 진노가 불의로 진리를 막는 사람들의 모든 경건하지 않음과 불의에 대하여 하늘로부터 나타나나니 19 이는 하나님을 알 만한 것이 그들 속에 보임이라 하나님께서 이를 그들에게 보이셨느니라 20 창세로부터 그의 보이지 아니하는 것들 곧 그의 영원하신 능력과 신성이 그가 만드신 만물에 분명히 보여 알려졌나니 그러므로 그들이 핑계하지 못할지니라 21 하나님을 알되 하나님을 영화롭게도 아니하며 감사하지도 아니하고 오히려 그 생각이 허망하여지며 미련한 마음이 어두워졌나니 22 스스로 지혜 있다 하나 어리석게 되어 23 썩어지지 아니하는 하나님의 영광을 썩어질 사람과 새와 짐승과 기어 다니는 동물 모양의 우상으로 바꾸었느니라

하나님의 진노를 인식하라

로마서의 전체 구조를 놓고 본다면 우리가 지금까지 살펴본 1장 1절부터 17절까지는 로마서의 서론에 해당되는 바울의 인사말이었고, 실질적인 로마서의 본론은 이제부터 살펴볼 1장 18절부터이다.

그런데 내가 주목하는 것은, 로마서의 본론이 이렇게 시작된다는 점이다.

하나님의 진노가 불의로 진리를 막는 사람들의 모든 경건하지 않음과 불의에 대하여 하늘로부터 나타나나니 롬 1:18

로마서의 실질적인 본론이 무서운 하나님의 진노로 시작되는 것에 대해 어떻게 생각하는가? 우리가 알기로 로마서는 '굿 뉴스'라는 복음을 체계적으로 정리한 책인데, 이렇게 '좋은 소식'을 담고 있는 로마서가 어떻게 이렇게 무서운 하나님의 진노에 대한 말씀으로 시작할 수 있는가?

치료를 위해선 진단이 먼저 필요하다

이런 질문에 대해서는 간단히 이렇게 대답할 수 있다. 만약에 어떤 분이 암에 걸렸다면, 그 암을 치료하기 위한 첫 단추는 의사에게 "당신은 암에 걸렸습니다. CT 촬영을 해보니 암세포가 많이 번져 있습니다. 치명적으로 위험한 상태입니다"라는 절망적인 선고를 듣는 것이다. 이런 선고는 모든 사람들이 피하고 싶어 하는 끔찍한 이야기이다.

내가 아는 어느 분은 병원에 가는 걸 끔찍이 싫어하셨다. 혹시 병원 가서 검사 받으면 의사가 무서운 이야기를 하고, 암에 걸렸다고 진단할까봐 병원에 가는 걸 망설이고 주저했다. 그런데 불행하게도 그렇게 병원 가는 것을 주저하는 사이에 진짜로 암이 발병한 것이다. 요즘 가장 치명적인 것이 자각 증세 없이 생기는 병 아닌가? 병원 가는 것이 아무리 두려워도 미루지 말고 병원에 가서 정확한 진단을 받았어야 하는데, 망설이고 미루는 사이에 암세포가 다 퍼져서 젊은 나이에 생명을 잃는 비극이 벌어지고 말았다.

이런 가슴 아픈 이야기가 오늘도 우리 주변에서 심심치 않게 들려오고 있지 않은가? 이것이 로마서의 첫 관문을 하나님의 진노와 관련한 말씀으로 시작하는 이유이다. 바울은 로마서를 시작하면서 복음을 받기 이전에 인간의 상태가 얼마나 치명적이었는지를 밝히고 싶었던 것이다.

오늘 우리가 몸담고 살아가는 이 세상을 보라. 하나님을 마음에서 쫓아내고 자기가 주인 노릇하며 하나님 없이 살아가는 이 세상이 지금 어떻게 굴러가고 있는지 다 알지 않은가? 한마디로 요지경이다.

2015년에 헌법재판소에서 간통제를 폐지했다. 예전에는 결혼한 사람이 배우자 아닌 다른 이성과 성적인 관계를 가졌다가 들통이 나서 고소당하면 징역 2년 이하의 벌을 받도록 되어 있었다. 그런데 그 조항이 위헌이라는 것이다.

간통제가 폐지되고 다음 날 아침 신문을 보니 참 가관이었다. 간통죄가 폐지된 그날 저녁부터 전국의 나이트클럽이 문전성시를 이루었다는 것이다. 어떤 나이트클럽은 그날 영업을 시작하기 전에 전 직원이 모여 간통죄 폐지를 기념하는 축배를 들었다고 한다. 은밀히 죄짓던 곳이 이제 대놓고 죄짓는 곳으로 거듭났다. 그게 기뻐서 축배를 들었다는 것이다.

그런가 하면 간통죄 위헌 결정이 난 바로 직후에 콘돔 제조업체 주가가 상한가로 치솟았다. 민망한 이야기 아닌가? 그 당시 인터넷으로 관련 기사들을 보다 보니, 현실이 너무나 정확하게 보였다. 사람들이 자기를 감옥에 집어넣는 그 법은 무서워하는데, 하나님은 무서워하지 않는 것이다. 2년 이하의 징역에 처해지는 건 두려우면서 영원한 형벌을 내리실 수 있는 하나님의 진노는 안중에도 없다. 이런 현실이 무엇을 말해주는가?

배우자가 자신의 외도로 인해 피눈물을 흘리고 고통당하는 것은 안중에도 없다. 그저 감옥만 안 가면 된다. 양심이 마비되어 있는 상태 아닌가? 오늘 이 시대를 가만히 보면 그야말로 "그들이 마음에 하나님 두기를 싫어하매"(롬 1:28), 하나님 없이 사는 인생들이 보여주는 요지경 세상이다.

그렇기 때문에 오늘 우리가 기억해야 할 것이 하나 있다. 이처럼 타락으로 하나님의 진노가 쌓여가고 있는 현실이기 때문에, 오늘 우리 시대는 복음이 필요하다는 사실이다. 복음 말고는 대안이 없다. 그 어느 때보다 이 사실을 정확하게 인식해야 하는 시대이다.

이런 이유로 바울은 하나님 진노의 심각성을 피력하는 것으로 로마서의 본론을 시작한다. 이런 맥락에서 본문 말씀을 중심으로 복음이 가지고 있는 기능을 세 가지로 정리해보았다. 복음에는 어떤 기능이 있는가?

하나님 진노의 심각성을 자각하게 한다

첫째로, 복음에는 '하나님 진노의 심각성'을 자각하게 하는 기능이 있다.

지금 미세먼지 문제가 심각한 사회 문제로 대두되고 있는데, 보통 심각한 문제가 아니다. 예전에는 봄철에만 중국발 황사로 고생했다면, 지금은 정말 시도 때도 없다는 표현이 맞는 것 같다.

요즘에는 인터넷이나 스마트폰으로 현재의 미세먼지 농도를 바로 알 수 있다. 보통 미세먼지 농도 80 이하면 안심하고 거리를 다닐 수 있는 수준이라고 한다. 80을 넘어서면 '나쁨', 150을 넘어가면 '매우 나쁨' 판정을 받아서 이런 상황에서는 웬만해서는 밖에 나다니지 말라고 한다. 꼭 외출해야 할 일이 있으면 미세먼지를 걸러내는 마스크를 착용하고 나가야 한다.

언젠가 월요일이었는데, 그날 미세먼지가 너무 심해서 온 집안의 창문을 꼭꼭 닫고 집안에서만 지냈다. 80이 넘으면 미세먼지 '나쁨' 판정을 받는데, 그날은 서울의 미세먼지 수치가 무려 868이었다. 이런 날은 절대 나가면 안 되는 날이다.

그런데 그날 오후 베란다에 서서 창밖을 내려다보는데, 건너편 테니스장에서 테니스를 치고 있는 사람들이 있는 게 아닌가? 그 모습을 보면서 나도 모르게 혀를 끌끌 차며 이런 생각을 했다.

'아니, 저 사람들 정신 나간 사람들이네.'

미세먼지는 말 그대로 입자가 미세하기 때문에 코와 기도에서 걸러낼 수가 없다. 그래서 바로 폐로 들어가 이것이 폐에 박히면 빼낼 방법이 없다. 얼마나 무서운가? 그런데 미세먼지 수치 868인 상황에서 그걸 마시며 테니스를 치고 있는 것이다. 한참을 내려다보며 '참 가관이다' 싶었다.

그러다 시선을 돌리니 저 길가에 더 정신 나간 사람이 보였다. 산악용 자전거를 타고 지나가는 것이다. 전부 폐를 활용해서 하는 운동인데 얼마나 많은 미세먼지를 들이마시고 있었겠는가? 그러면서 자기들은 운동하고 있다고 엄청 뿌듯해하고 있을 것 아닌가? 이렇게 미련한 게 인간이다.

인간의 둔감함

왜 이런 일이 일어나는가? 둔해서 그렇다. 인간은 육안으로, 혹은 후각으로 미세먼지 농도가 80인지 800인지 전혀 가늠을 못한다. 이렇게 둔한 게 인간이다.

이에 비해 동물들은 감각기관이 굉장히 예민하게 발달되어 있다. 2010년 1월에 미국 캘리포니아 북부 지역에서 진도 4.5 규모의 지진이 일어났다고 한다. 그때 어느 건물의 CCTV에 녹화된 장면이 알려지면서 화제가 된 적이 있다. 그 건물 안에 개도 있고 주인도 있었는데 편안히 쉬던 개가 지진이 일어나기 몇 분 전에 갑자기 당황한 듯 황급히 도망가버리더라는 것이다. 그러고 나서 몇 분 후에 지진이 강타했다.

똑같이 건물 안에 있었는데 개는 벌써 지진을 감지하고 도망을 가는데, 사람은 아무런 징후도 느끼지 못해서 가만히 있었다. 이게 인간의 둔감함이다.

중국에서도 비슷한 일이 있었다. 1975년 중국 하이청현에서 규모

7.5의 지진이 발생했다. 어마어마한 강진 아닌가? 그런데 놀라운 게 그때가 겨울이었는데 지진이 발생하기 몇 주 전부터 이상 현상이 일어났다고 한다. 한참 겨울잠을 자야 하는 개구리, 뱀 같은 동물들이 나오는가 하면, 거위들이 갑자기 나무 주위로 모여들고, 돼지들이 서로를 물기 시작했다고 한다.

이것을 이상하게 생각한 중국 당국에서는 100만 명에 가까운 시민에게 대피령을 내렸고, 그렇게 대피령을 내리고 며칠 만에 진도 7.5의 강진이 강타했다고 한다.

이런 일이 어떻게 가능한가? 동물들은 지구의 움직임이 만들어내는 전기 자극을 감지할 수 있는 굉장히 예민한 감각을 갖고 있다고 한다. 그래서 쓰나미나 지진 같은 자연재해를 만나면 동물들은 다 대피하는데, 만물의 영장이라는 인간들은 둔감하다. 그러다 보니 만날 당하는 것은 인간들이다.

나는 그런 기사들을 보면서, 영적으로도 똑같은 이치란 생각을 했다. 하나님과의 관계가 깨지고 하나님으로부터 공급을 받지 못하다 보니 우리가 얼마나 영적으로 둔한 인생이 되어버렸는지 모른다. 지금 영적 미세먼지 농도가 868인데, 우리는 그것도 모르고 밖에서 테니스 치고 있는 것 같은 삶을 살고 있지 않은가? 우둔한 우리 눈으로는 지금 미세먼지 농도가 868인지 86인지 분간하지 못하다 보니, 온 세상에 하나님의 진노가 쌓이고 있는데도 아무것도 모른 채 그냥 뒤섞여 살아가고 있지 않은가?

한번 생각해보라. 우리가 미련하고 우둔하여 우리가 가진 감각 기관으로는 도저히 미세먼지 농도를 측정할 길이 없다면 어떻게 해야 하는가? 나처럼 스마트폰에 미세먼지 농도를 표시해주는 어플을 다운받아야 한다.

나는 외출하기 전에 꼭 미세먼지 어플을 통해 미세먼지 농도를 확인해본다. 그러면 어떤 날에는 눈으로 보기엔 멀쩡한데 실제로는 미세먼지 농도가 '매우 나쁨'으로 뜨기도 하고, 또 어떤 날은 공기도 뿌옇고 혼탁해서 미세먼지 농도가 참 나쁘겠다 싶은데 어플에 파란색 글씨로 '좋음'이라고 나올 때도 있다. 이처럼 우리의 오감은 영 믿을 만하지 못하다.

하나님이 준비해주신 영적 어플

그렇다면 영적으로 너무나 우둔하고 미련한 상태에 빠져서 이 시대를 향한 하나님의 진노하심을 자각하지 못하는 우리는 누구의 도움을 받아야 하는가? 하나님께서는 이렇게 영적으로 미련한 인생을 위해 두 가지 영적 어플을 준비해주셨다.

성경

하나님이 우리를 위해 하나님의 진노하심을 자각할 수 있도록 마련해주신 영적 어플 중 하나는 '성경'이다.

시편 119편 105절을 보라.

주의 말씀은 내 발에 등이요 내 길에 빛이니이다 시 119:105

영안이 어두워진 우리는 한 치 앞을 내다볼 수 없다. 어둡다. 그러므로 우리는 스스로 영적인 미세먼지를 자각할 능력이 없음을 인정하고 말씀을 가까이 해야 한다.

바로 이 같은 이유 때문에 나는 교회들마다 성경 읽기 운동, 성경 쓰기 운동, 성경 암송 운동과 같은 것들을 꾸준히 펼쳐야 한다고 믿는다. 성경을 가까이해야 한다. 말씀은 그야말로 내 발에 등이요 내 길에 빛이다. 성경은 하나님께서 영적인 미세먼지를 확인할 수 있도록 우리에게 주신 소중한 어플이다.

주의 종들의 경고

그런가 하면, 하나님의 진노하심을 자각할 수 있도록 하나님이 주신 영적 어플이 하나 더 있는데, 주의 종들의 경고이다. 구약 성경에 나오는 선지자들의 역할이 대부분 '하나님의 진노'에 대한 경각심을 갖게 하는 것 아니었나?

나단 선지자의 경우도 마찬가지다. 다윗이 영적으로 어두워져서 우리 같은 평범한 사람도 저지르지 않을 짓을 저질렀다. 남의 아내를 불러서 성관계를 갖고 임신시켰을 뿐 아니라 그 일을 은폐하느라 충직한 부하 우리아를 음모를 꾸며 죽이는 천인공노할 짓을 저지른다. 그 과정을 기록한 성경을 읽어보면 당시의 다윗은 꼭 브레

이크 장치가 고장 난 기차 같다. 그리고 그런 끔찍한 짓을 저지르고도 1년이 지나도록 자기가 저지른 죄악의 심각성을 깨닫지 못했다. 한 번 하나님의 영역을 벗어나면 이처럼 우둔해진다. 이것이 인간이다.

그랬던 다윗이 어떻게 죄를 자각하고 회개하는 자리로 나올 수 있게 되었나? 나단 선지자를 만났기 때문이다.

범죄하고도 회개하지 않던 다윗을 찾아간 나단이 쏟아내는 무서운 경고를 들어보라.

그러한데 어찌하여 네가 여호와의 말씀을 업신여기고 나 보기에 악을 행하였느냐 네가 칼로 헷 사람 우리아를 치되 암몬 자손의 칼로 죽이고 그의 아내를 빼앗아 네 아내로 삼았도다 이제 네가 나를 업신여기고 헷 사람 우리아의 아내를 빼앗아 네 아내로 삼았은즉 칼이 네 집에서 영원토록 떠나지 아니하리라 하셨고 삼하 12:9,10

선지자 나단이 직격탄을 날리며 하나님의 진노의 말씀을 전하자 1년이 가도록 자신이 행한 악한 짓에 대해 가책을 못 느끼던 다윗이 무너졌다. 시편에서 다윗이 자신이 저지른 범죄에 대해 가슴을 치며 혐오하는 글들을 보면 진심으로 잘못을 자각하고 회개하였음을 알 수 있다. 중요한 것은 이런 다윗의 참회와 진실한 회개가 나단 선지자가 다녀간 이후에 일어난 일이라는 사실이다.

오늘 범죄한 다윗과 우리의 공통점이 무엇인가? 영적으로 우둔해져 있다는 사실이다. 이 사실을 자각해야 한다. 이 사실을 자각하고 우리 곁에도 나단 선지자와 같은 존재가 필요함을 인식해야 한다.

가슴이 아픈 것은 현실적으로 내게 꼭 필요한 나단과 같은 사람이 사라져간다는 사실이다. 설교도 마찬가지다. 설교를 들어보면, 성도의 잘못을 지적하는 나단과 같은 메시지는 별로 들리지 않는다. 그렇게 선포해도 별로 소용없기 때문이다. 사람들은 그런 설교 듣는 것을 싫어한다. 책망하는 설교를 듣고서 다윗처럼 회개의 눈물을 흘리기는커녕, 일주일 내내 힘들게 살다가 왔는데 왜 자꾸 책망하고 지적하느냐고 불평한다. 그리고 그런 설교 때문에 상처 받았다고 화를 낸다. 그러다보니 점점 축복을 비는 설교밖에는 들리지 않는 현실이 되어가는 것 아닌가?

이런 현실이기에 나는 심각하게 질문을 던진다. 당신 곁에 나단 같은 사람이 있는가?

본문을 기록한 바울도 마찬가지다. 로마서 1장의 흐름을 한번 보라. 할 수 있는 대로 로마에 가서 너희에게 복음 전하기를 원한다던 바울이 로마서의 본론 시작부터 하나님의 진노에 대해 쏟아놓는 이유가 무엇이겠는가?

너희들이 몸담고 살아가는 로마가 겉으로 보기에는 세계를 제패하고 콜로세움 같은 건축의 꽃을 피웠지만, 위험하다는 것이다. 이천 년 전 로마에 배수시설이 갖추어져 있었다는 것은 지금도 불가

사의라고 한다. 하지만 그토록 완벽한 문명 시설을 갖추고 있었지만, 영적으로 바라보면 하나님의 진노가 쌓여 있는 위험한 상황이란 것이다. 바울이 지금 이걸 경고하고 있는 것이다.

우리에게는 바울과 같은 경고자가 있는가? 그리고 그 경고에 귀를 기울이고 있는가?

내가 그날, 미세먼지 농도가 868인데 테니스를 치는 사람들을 한참 바라보며 너무 답답해서 창문을 열고 "여러분, 미쳤습니까? 지금 미세먼지 농도가 868이에요. 빨리 집으로 들어가세요!"라고 외치고 싶었다. 하지만 용기가 안 나서 못했다.

사실 내가 그렇게 할 만큼 그 사람들을 사랑하지도 않고, 또 창문 열고 내가 그렇게 백 번 떠들어봐야 안 통하기 때문에 용기를 안 낸 것도 맞다. 지금 막 스코어가 재밌게 돌아가기 시작했는데 저 위에서 잠옷 입은 어떤 남자가 외친다고 듣겠는가? 정신 나간 사람이라고 욕이나 얻어먹을 것이다. 그래서 하지 않았다.

그러나 테니스 치는 그 사람이 우리 교회 집사님이었다면 옷 입고 뛰어 내려갔을 것이다. "집사님, 이 어플 좀 보시라고, 지금 테니스 치면 안 된다"고 외치면서 말이다.

당신 주변에는 당신의 영혼을 사랑해서 "집사님, 그 길로 그렇게 가시면 안 됩니다"라고 말해줄 나단과 같은 인물이 있는가?

그런가 하면, 둘째로 복음에는 어떤 기능이 있는가? 복음은 '하나님 진노의 원인'을 정확하게 깨닫게 한다. 18절에 보니, 하나님이 진노하시는 이유를 두 가지로 설명한다.

18절을 다시 보자.

하나님의 진노가 불의로 진리를 막는 사람들의 모든 경건하지 않음과 불의에 대하여 하늘로부터 나타나나니 롬 1:18

여기 보면 바울이 하나님께서 진노하시는 이유를 두 가지로 설명하는데, 하나는 '모든 경건하지 않음', 다른 말로 하면 '불경건'이고, 또 하나는 '불의'이다. 불경건과 불의, 이 두 가지 때문에 하나님이 진노하신다는 것이다.

그러면 불경건은 무엇이고, 불의는 무엇인가? 18절을 영어 성경으로 보니 불경건을 'godlessness'라는 단어를 쓴다. 그대로 직역하면 '신을 믿지 않음'이다. 'godless'가 무엇인가? 내면에 신이 없다는 것이다. 거기에 '-ness'라는 명사형 접미어를 붙여서 '마음에서 신을 내보낸 상태'를 설명하는 것이다. 그래서 여기서 말하는 불경건은 딱 이렇게 설명할 수 있다.

"하나님을 인정하지 않는 마음의 태도, 하나님으로부터 독립하여 제 마음대로 살고자 하는 마음의 욕구."

이게 불경건이다.

창세기에 보면 아담과 하와가 선악과를 따 먹어서 인류가 지금 이렇게 죄의 굴레에 빠지게 되었는데, 설마 하나님이 아끼시는 과일 하나 따 먹었다고 이런 형벌을 내리시겠는가? 이건 그런 뜻이 아니다. 아담과 하와가 선악과를 따 먹었다는 것은 무슨 의미가 있는가? 더 이상 내가 하나님의 간섭을 받지 않겠다는 것이다.

선악과가 동산 중앙에 있어야 하는 이유가 무엇인가? 그렇게 위험한 거면 눈에 안 보이는 한쪽 구석에 두지, 왜 중앙에 두셨는가? 거기에는 이유가 있다. 하나님께서는 아담과 하와가 동산 중앙의 선악과를 바라보면서 '내가 비록 하나님께서 만드신 에덴동산의 모든 것을 누리고 있지만, 이건 내 것이 아니다. 주인은 따로 계시다. 나는 이 에덴동산을 주인 되시는 하나님으로부터 위임 받았다'라는 사실을 날마다 자각하기를 바라셨다.

그런데 아담과 하와는 그 선악과를 건드렸다. 선악과라는 열매 자체가 대단한 그 무엇이어서 심각한 짓을 저질렀다고 말씀하시는 것이 아니다. 선악과를 따 먹은 아담과 하와의 행위 내면에는 하나님과의 관계를 깨고자 하는 마음이 있었다. 하나님으로부터 독립하여 저들이 자기 인생의 주인이 되고자 했던 시도, 이것이 아담과 하와의 선악과 사건인 것이다.

아담 이후로 우리 인간이 가지고 있는 죄의 경향성도 마찬가지이다. 주인 되시는 하나님을 제쳐두고 자기가 자기 인생의 주인이 되고자 하는 마음 상태, 이것이 바로 오늘 본문에서 말하는 '불경건'인 것이다.

그럼 그다음 나오는 '불의'는 무엇인가? 쉽게 말해서 '불경건'은 하나님을 인정하지 않는, 하나님을 마음에서 내쫓아낸 상태라면, '불의'는 그래서 나타나는 현상들, 하나님을 마음에서 쫓아내버렸기 때문에 생겨나는 결과물들이다.

로마서 1장 28절을 보라.

또한 그들이 마음에 하나님 두기를 싫어하매 하나님께서 그들을 그 상실한 마음대로 내버려두사 롬 1:28

'마음에 하나님 두기를 싫어하는 상태'가 불경건이라고 한다면 그 불경건의 결과가 어떻게 나타나는가? 29절부터 보라.

곧 모든 불의, 추악, 탐욕, 악의가 가득한 자요 시기, 살인, 분쟁, 사기, 악독이 가득한 자요 수군수군하는 자요 비방하는 자요 하나님께서 미워하시는 자요 능욕하는 자요 교만한 자요 자랑하는 자요 악을 도모하는 자요 부모를 거역하는 자요 우매한 자요 배약하는 자요 무정한 자요 무자비한 자라 롬 1:29-31

지금 우리 시대는 바로 이 '불의'가 가득한 현실 아닌가? 우리가 기억해야 하는 것은 이런 악한 것들이 쏟아지는 근본적인 원인이 바로 하나님을 인정하지 않는 마음의 태도, 하나님으로부터 독립하여 제 마음대로 살고자 하는 마음의 태도로 설명되는 '불경건'에서 기인한다는 것이다.

본문 29절부터 열거되는 모든 '불의'의 내용들을 나는 아침마다 배달되는 신문과 인터넷에서 매일 본다. 이 세상은 온통 하나님을 마음에서 내쫓은 사람들에게 나타나는 불의의 현상들로 가득하여 하루도 빠짐없이 복잡하고 혼미한 사건 사고들을 접하게 되는 것이다.

나는 이런 현실을 볼 때마다 머릿속에 자꾸 떠오르는 이미지가 있다. 우리 아이들이 어렸을 때 에버랜드 옆에 있는 캐리비안 베이라는 수영장에 몇 번 데려간 적이 있다.

캐리비안 베이에 갔더니 동산 중앙에 큰 물통을 매달아놓았다. 그러고는 거기다가 물을 계속 부어준다. 계속 물을 부어주다가 일정한 양이 채워지면 그 커다란 물통이 뒤집혀 밑에 있는 아이들이 물벼락을 맞는다. 그래서 물통의 물이 얼추 채워지기 시작하면 아이들이 막 몰려든다. 물벼락 맞으려고.

큰 통이 뒤집어지며 물이 확 쏟아질 때 아이들이 비명을 지르며 좋아하는 그 모습을 나는 지금도 종종 떠올려본다. 그리고 이런 섬뜩한 상상을 해본다. 마치 그 물통의 물이 꽉 차면 물벼락이 쏟아지듯이, 지금 하나님의 진노가 그 통 속에 채워져가는 모습을 말이다.

오늘 대한민국뿐만 아니라 전 세계적으로 상상을 초월하는 타락한 현실을 보면서 물통에 하나님의 진노의 물이 채워져가는 것 같아 두려움을 느낀다. 현실은 하나님께서 진노를 참고 계시는 상황인데, 우리는 영적으로 어두워져 그 사실을 자각하지 못한다. 우리는 이 하나님의 인내가 끝나기 전에 회개의 자리로 돌아서야 한다.

겉으로 보기에 화려한 세상 같지만 영안을 열고 보면 지금 하나님의 분노가 쌓여 물벼락이 쏟아지기 직전임을 자각해야 한다. 복음은 바로 이 사실을 자각하게 하는 기능이 있다는 것이다.

경외심을 회복하게 한다

마지막 셋째로 복음에는 어떤 기능이 있는가? 복음에는 '하나님을 향한 경외심'을 회복시키는 기능이 있다. 이것을 다른 말로 생각해보니, 두려움의 대상을 바꾸어주는 기능이다. 무슨 말인가 하면, 복음은 우리로 하여금 하나님을 경외, 즉 두려워하게 만든다.

여호와를 경외하는 것은 사람으로 생명에 이르게 하는 것이라 경외하는 자는 족하게 지내고 재앙을 당하지 아니하느니라 잠 19:23

이 말씀을 영어 성경으로 보면 '여호와를 경외하는 것은'이란 부분이 'The fear of the Lord'라고 되어 있다. 한마디로 경외는 '하나님을 두려워하는 마음'이다.

하나님을 두려워하는 마음이 왜 우리에게 중요한가? 하나님을 두려워할 때 생명에 이를 수 있기 때문이다. 즉 우리가 영적으로 살아나기 때문이다.

사실 우리가 하나님을 향한 경외심을 회복하면 본문인 로마서 1장 19절 말씀이 회복되는 은혜를 누리게 된다.

이는 하나님을 알 만한 것이 그들 속에 보임이라 하나님께서 이를 그들에게 보이셨느니라 롬 1:19

20절도 마찬가지다.

창세로부터 그의 보이지 아니하는 것들 곧 그의 영원하신 능력과 신성이 그가 만드신 만물에 분명히 보여 알려졌나니 그러므로 그들이 핑계하지 못할지니라 롬 1:20

원래 우리는 하나님께서 지으신 자연 만물을 보면서 하나님의 손길을 느낄 수 있도록 빚어졌는데, 범죄함으로 그 기능이 마비되었다. 그런데 우리가 하나님을 경외하면 죽어 있던 이런 기능들이 살아난다는 것이다.

내가 미국 생활을 정리하고 한국으로 돌아와 신학교에 들어갔을 때, 인간적으로는 많이 외로웠다. 그리고 기숙사에서 생활하다보니 불편한 것도 많고 생활하기에 결핍된 것도 많았다. 그러나 그 당시의 나는 내 일생 중 영적으로 가장 뜨거웠고 충만했다. 찬양과 기도가 저절로 나왔다. 모든 것이 감사했다. 그리고 삶 자체가 기뻤다.

그때를 회상해보면 미소가 나오는 일이 하나 있다. 내가 하나님의 은혜에 대해 그렇게 감격과 기쁨이 충만하니, 담 밑에 자라는 이름 모를 들풀도 사랑스럽고 가로수 나무도 멋져 보이는 것이다. 심지어는 길거리에 나뒹구는 돌멩이도 사랑스러울 정도였다.

지나가는 사람들이 너무나 사랑스러워 아무나 붙잡고 인사를 드리고 싶고, 나를 충만하게 하시는 예수 그리스도를 전하고 싶었다. 원한다면 지나가는 모든 사람들을 껴안아주며 축복해주고 싶었다. 지금도 그때를 생각하면 내 입가에 미소가 번진다.

그 당시의 나의 마음을 담고 있는 말씀이 있다. 시편 8편 1절을 보라.

여호와 우리 주여 주의 이름이 온 땅에 어찌 그리 아름다운지요 주의 영광이 하늘을 덮었나이다 시 8:1

이것이 앞에서 언급한 신학생 시절의 나의 마음을 표현한 것 아닌가? 그것으로 다가 아니다. 시편 8편 3, 4절을 보라.

주의 손가락으로 만드신 주의 하늘과 주께서 베풀어 두신 달과 별들을 내가 보오니 사람이 무엇이기에 주께서 그를 생각하시며 인자가

무엇이기에 주께서 그를 돌보시나이까 시 8:3,4

복음의 감격이 살아나자 담벼락 밑에 있는 이름 모를 들풀과 들꽃조차 하나님께서 만드신 작품으로 보여 사랑스러웠고, 또한 나를 바라보는 태도도 달라지기 시작했다. 미국에서 고생하는 과정에서 생긴 열등감으로 괴로웠던 나인데 그것이 치유되기 시작한 것이다. 비록 아직 다듬어지지 않은 부분이 많지만, 보잘것없는 내 모습 그대로가 사랑스러워지기 시작했다. 나는 지금도 간혹 등산을 할 때마다 그때 생각을 하곤 한다.

나는 이 땅의 모든 성도들에게도 이런 놀라운 변화가 일어나길 소원한다. 그리고 그것을 가능하게 하는 것이 복음임을 자각하길 간절히 기도한다.

하나님을 제대로 두려워할 때 회복이 시작된다

언젠가 이런 메일을 받은 적이 있다.

초등학교 6학년 꼬꼬마 시절에 아무 생각 없이 끌려간 수련회에서 처음 이찬수 목사님을 뵈었는데요. 쉽지 않은 이야기이지만 저는 성폭행 피해 아동이었습니다.

어떤 상황인지 감이 오지 않는가? 너무 어린 나이에 당해서는 안 되는 가슴 아픈 일을 당하여 큰 상처를 받은 이분을 살려낸 것이 복음이었다. 수련회에서 복음을 만난 것이다. 그다음 내용을 계속 들어보라.

초등학교 때의 일이 하나도 기억에 남지 않지만 6학년 때 그 수련회는 기억이 납니다. 의미 없는 날들이라고 생각되었던 하루하루에서 하나님의 이름을 부를 수 있는 하루하루로 바뀌었습니다. 구구절절 이야기할 수는 없지만, 물론 쉽지 않은 저의 십 대였지만, 저는 어느새 이십 대 후반에 접어들고 있습니다.

그러면서 자신을 소개하기를, 자기가 어린 시절 성폭행을 당하고 너무나 마음이 무너져 혼미했던 그 상황에서 복음을 경험하고 복음의 능력이 자신을 치유해주었기 때문에, 스물아홉이 된 지금은 많은 청소년을 돕는 청소년 사역을 하고 있다는 것이다. 무엇이 상처받은 그 어린아이의 상한 마음을 치유해주어 이렇게 존귀한 인물로 변화시키는 힘이 되었는가? '복음'이다.

복음은 두려움의 대상을 바꾸어준다. 몹쓸 인간이 저지른 성폭행 때문에 두려움에 빠져 있던 가여운 어린아이였지만, 복음의 능력이 그 아이의 마음에 스며들자 두려움의 대상이 바뀌었다. 복음으로 하나님을 두려워하는 경외심이 회복되자 그 사건이 더 이상 그 아이의 인생에 영향을 미치지 못했다.

나는 그 자매의 메일을 읽으며 윌리엄 거널(William Gurnall)이 했던 말이 떠올랐다.

"우리는 하나님을 별로 두려워하지 않기 때문에 사람들을 지나치게 두려워한다. 하나의 두려움이 다른 두려움을 제거한다. 사람의 위협이 당신을 놀라게 할 때 당신은 하나님의 진노를 생각하라."

그러면서 마태복음 10장 28절의 말씀이 떠올랐다.

> 몸은 죽여도 영혼은 능히 죽이지 못하는 자들을 두려워하지 말고 오직 몸과 영혼을 능히 지옥에 멸하실 수 있는 이를 두려워하라
>
> 마 10:28

한국교회의 비극은 교회 지도자들이나 성도가 하나님을 두려워하지 않는 데 있다. 우리는 자주 물어야 한다.

"나는 하나님을 두려워하고 있는가?"

이 질문 앞에 두려움을 느껴야 한다. 우리 인생의 회복은 하나님을 제대로 두려워하는 것에서부터 시작될 줄 믿는다.

나단의 지적을 받고 가슴이 찢어지는 아픔을 느끼며 회개의 자리로 나아갔던 다윗이기에, 그에게 다시 하나님을 경외하는 마음이 회복되었다. 하나님이 두려워지기 시작한 것이다. 그러면서 고백한 말씀이 바로 이 찬양의 가사이다.

정결한 마음 주시옵소서 오 주님

정직한 영을 새롭게 하소서

나를 주님 앞에서 멀리하지 마시고

주의 성령을 거두지 마옵소서

그 구원의 기쁨 다시 회복시키시며

변치 않는 맘 내 안에 주소서

오늘 우리 내면에 하나님을 향한 이 두려움이 회복되기를 바란다. 하나님 향한 두려움의 회복이 사람을 향한 두려움을 물리치는 능력이 되는 줄 믿는다.

로마서 1장 18-23절

18 하나님의 진노가 불의로 진리를 막는 사람들의 모든 경건하지 않음과 불의에 대하여 하늘로부터 나타나나니 19 이는 하나님을 알 만한 것이 그들 속에 보임이라 하나님께서 이를 그들에게 보이셨느니라 20 창세로부터 그의 보이지 아니하는 것들 곧 그의 영원하신 능력과 신성이 그가 만드신 만물에 분명히 보여 알려졌나니 그러므로 그들이 핑계하지 못할지니라 21 하나님을 알되 하나님을 영화롭게도 아니하며 감사하지도 아니하고 오히려 그 생각이 허망하여지며 미련한 마음이 어두워졌나니 22 스스로 지혜 있다 하나 어리석게 되어 23 썩어지지 아니하는 하나님의 영광을 썩어질 사람과 새와 짐승과 기어 다니는 동물 모양의 우상으로 바꾸었느니라

모세조차 우상으로 전락할 수 있다

본문인 로마서 1장 18-23절 말씀을 통해서 우리가 알 수 있는 것이 하나 있다. 하나님의 진노를 유발시키는 인간의 죄악은 그 출발이 하나님을 마음에 두기 싫어하는 '불경건'에서 시작되어 '우상숭배'라는 종착점으로 연결된다는 사실이다.

시작점인 18절을 먼저 보자.

하나님의 진노가 불의로 진리를 막는 사람들의 모든 경건하지 않음과 불의에 대하여 하늘로부터 나타나나니 롬 1:18

이 말씀은 이 단락의 마지막 말씀인 23절로 연결된다.

썩어지지 아니하는 하나님의 영광을 썩어질 사람과 새와 짐승과 기어 다니는 동물 모양의 우상으로 바꾸었느니라 롬 1:23

하나님이 가장 싫어하시는 것

하나님이 우상숭배를 얼마나 싫어하시는지는 다 알 것이다. 우리가 잘 아는 십계명 중에 가장 먼저 나오는 계명이 우상숭배의 문제 아닌가?

"너는 나 외에는 다른 신들을 네게 두지 말라."

제2계명은 무엇인가?

"너를 위하여 우상을 만들지 말고 또 그것을 섬기지 말라."

그런데 사실 이 두 가지가 같은 내용 아닌가? 첫 번째 계명인 '다른 신들을 섬기지 말라'가 마음의 문제라면, 두 번째 계명은 그 마음의 문제가 만들어내는 결과물을 말한다. 이렇게 본다면, 두 계명 모두 우상숭배와 관련된 문제이다. 결국 같은 얘기다.

이런 차원에서 봤을 때 십계명에 하나님이 싫어하시는 죄악들이 많이 열거되어 있지만, 그중에서 하나님이 가장 싫어하시는 죄악은 우상숭배이다. 즉 하나님이 보시기에는 우상숭배가 살인이나 간음이나 도둑질 이상으로 중요하고 심각한 문제라는 것이다.

사실 인간 세상에서는 우상숭배보다는 살인이나 간음이나 도둑질의 죄질이 훨씬 무겁고 악한 것 아닌가? 살인을 하면 바로 감옥에 가지만, 우상을 숭배한다고 감옥에 가진 않는다.

그런데 왜 하나님의 우선순위로는 우상숭배가 다른 어떤 것보다 더 악한 죄악으로 자리매김을 하는가? 하나님이 우상숭배의 문제를 이렇게 중요하게 생각하시는 이유가 무엇인가?

이 질문을 가지고 묵상하면서 출애굽기 20장 전후의 말씀을 읽다가 이에 대한 답을 얻었다. 출애굽기 20장 1,2절은 하나님이 십계명을 주시기 바로 직전에 주신 말씀인데, 한번 보라.

하나님이 이 모든 말씀으로 말씀하여 이르시되 나는 너를 애굽 땅, 종 되었던 집에서 인도하여 낸 네 하나님 여호와니라 출 20:1,2

하나님께서 십계명을 주시기 직전에 이 전제의 말씀을 주시는 것을 보면서 느껴지는 것이 하나 있는데, 하나님은 우리와 관계 맺기를 원하신다는 것이다. 또한 하나님은 우리에게 인정받기 원하신다는 것이다.

"나는 너를 애굽 땅, 종 되었던 집에서 인도하여 낸 네 하나님 여호와니라."

이 말씀에서 우리에게 인정받기 원하신다는 뉘앙스가 느껴지지 않는가?

인격을 가지신 하나님의 이런 모습에서 많은 것을 생각하게 된다. 가만히 생각해보면, 인격을 가진 우리 인간들도 내가 친해지고 싶은 그 사람에게 인정받고 싶은 욕구가 많음을 알 수 있다.

나는 저 중동에 있는 이슬람교 신자들에게 인정받고 싶은 마음이 별로 없다. 그 대신 함께 신앙생활하고 있는 우리 교회 성도들에게는 인정받고 싶은 마음이 크다. 왜 그런가? 이유 없다. 우리 교회 성도들이기 때문이다.

이 점은 우리 하나님도 마찬가지이신 것 같다. 하나님은 당신의 자녀들에게 인정받기를 원하신다. 하나님께서는 십계명을 주시면서 이렇게 말씀하셨다.

"너희가 애굽의 압제로 신음할 때 건져준 신이 누군지 아느냐? 나 여호와다."

이 말씀을 주신 것 자체가 우리와 관계 맺기를 원하시는 하나님의 마음이 담겨 있는 것이다.

인간의 문제 - 복 받는 것이 가장 중요하다

이렇게 하나님은 우리와 친밀한 관계를 맺기 원하시는데, 신앙생활 하는 우리의 문제가 무엇인가? 우리의 초점은 하나님과 관계를 맺는 것에 있지 않다. 우리는 그저 하나님이 주시는 복, 복 좀 달라는 것 아닌가?

출애굽한 이스라엘 백성들이 홍해를 건너서 목적지인 가나안에 도착하고 범했던 죄가 무엇인가? 바알 신을 숭배한 것, 우상숭배 아닌가? 어쩌다 이렇게 됐는가? 그동안 이스라엘 백성들이 광야에서 오랜 유목민 생활을 하며 동가숙서가식하다가 이제 가나안에 진입하여 한곳에 정착하자 문화가 달라졌다. 유목문화에서 농경문화로 갑자기 바뀌니 농사짓는 것이 당연히 서툴지 않겠는가?

그런데 옆에 있는 가나안 원주민들을 보니 농사를 너무 잘 짓는 것이다. 그것이 부러워서 그들에게 물었다.

"우리는 농사가 이렇게 안 되는데 당신들은 어떻게 농사를 이렇게 잘 짓습니까?"

그러자 가나안 원주민들이 하는 말이, 우리가 비를 주관하는 신인 바알 신을 섬겨서 그렇다고, 바알 신이 비를 내려주기 때문이라는 것이다. 그러자 이스라엘 백성들이 생각했다.

'아, 여호와 하나님은 유목생활을 할 때 불 기둥, 구름 기둥으로 인도해주시는 신이신데, 농사를 잘 짓기 위해서는 비를 주관하는 바알 신도 섬겨야 하는구나.'

그래서 이스라엘 백성들이 바알 신을 섬기는 우상숭배의 죄를 범하게 된 것이다.

사실 이스라엘 백성들 입장에서는 억울한 게, 그들은 하나님을 떠난 적이 없다. 단지 필요해서 바알 신도 섬기게 된 것뿐이다. 그런데 하나님은 단호하게 말씀하셨다.

"너희들이 나를 버렸다."

나는 이 말씀이 참 무섭게 들린다. 예배에 꼬박꼬박 잘 나오고, 헌금도 하고, 봉사도 하는 우리가 언제 하나님을 버렸는가? 세상살이가 어려워 돈이 좀 필요해서 그저 돈을 맘몬 신 자리에 올려놓

앉을 뿐 우리가 잘못한 게 뭐가 있는가?

그런데 하나님이 보시기에는 그게 우상숭배라는 것이다. 그리고 하나님이 보시기에 그것이 생각보다 무서운 죄일 수 있다는 것이다. 우리는 기억해야 한다.

"하나님보다 더 사랑하는 모든 것, 이것이 다 우상숭배다."

하나님은 안 보이고 모세만 보이는 현실

그런데 본문 로마서 1장 23절을 묵상하다가 한 가지 중요한 포인트를 발견했다. 23절을 한번 보라.

> 썩어지지 아니하는 하나님의 영광을 썩어질 사람과 새와 짐승과 기어 다니는 동물 모양의 우상으로 바꾸었느니라 롬 1:23

여기 보니까 우상으로 삼은 많은 새와 짐승과 기어 다니는 동물 모양을 언급하는데, 그중에 '사람'이 가장 먼저 나온다. 우리가 알기로 사람 모양보다는 동물이나 사물 모양을 우상으로 만드는 경우가 더 많은데, 왜 바울은 우상의 형상을 묘사하는 데 사람을 가장 먼저 언급했을까? 사람 모양의 우상을 만들어 들고 다니진 않지만, 사람이 우상이 될 위험이 그만큼 크다는 이야기이다.

출애굽기 32장 1절을 봐도 이런 사실을 알 수 있다.

백성이 모세가 산에서 내려옴이 더딤을 보고 모여 백성이 아론에게 이
르러 말하되 일어나라 우리를 위하여 우리를 인도할 신을 만들라 이
모세 곧 우리를 애굽 땅에서 인도하여 낸 사람은 어찌 되었는지 알지
못함이니라 출 32:1

이스라엘 백성들이 금송아지 우상을 만들게 된 출발점이 무엇인
가? 송아지가 귀해서 그런 게 아니라, 모세 때문이라는 것이다. 자
기들이 목숨처럼 의지하고 하나님처럼 따르는 모세, 그 모세가 산
으로 가서 안 나타는 것이다. 그래서 불안해서 만든 것이 금송아지
우상이란 것이다. 그래서 1절 말미에 나오는 말씀이 이것이다.

"모세 곧 우리를 애굽 땅에서 인도하여 낸 사람은…."

사실 그들을 애굽 땅에서 인도해낸 분은 모세가 아니라 여호와
하나님이시다. 그들이 애굽의 압제에서 신음할 때 불쌍히 여기신 분
도 하나님이시고, 모세를 통해서 그들을 이끌어 불러내신 분도 하
나님이시다. 그런데 하나님의 영광은 안 보이고 모세만 보이는 것이
다. 그러다보니 모세를 지나치게 의지하게 된 것이다.

여기에서 우리가 기억해야 할 중요한 포인트가 있다. "한국교회
가 타락했다, 변질됐다, 이대로 안 된다, 제2의 종교개혁이 필요하
다"란 말들을 많이 하는데, 정말 한국교회가 변질되었다면 그 변질
된 한국교회가 회복되는 첫 단추가 무엇인가? 교회마다 하나님은
안 보이고 모세들만 보이는 게 현실 아닌가? 인간 지도자가 너무

중요해져서 성경에 있는 얘기든, 없는 얘기든 목사가 무슨 말만 하면 무조건 "옳습니다, 옳습니다" 하면서 따라다니는 게 지금 금송아지를 만들고 있는 구약의 이스라엘 백성과 비슷한 모습 아닌가?

눈에 보이는 모세가 너무 설치고 다니는 현실이 교회를 이렇게 만들었다면, 이제 어떻게 해야 하는가? 모세는 좀 자중하고, 그 배후에 계신 하나님의 영광이 보여야 한다.

이런 점에서 분당우리교회에서 가장 위험한 인물은 담임목사인 나 자신이다. 부인할 수 없는 사실이다. 매 주일, 모든 성도들 앞에 가장 많이 나서는 것이 담임목사 아닌가? 그러므로 바울이 본문에서 우상의 모양을 묘사하면서 '사람'을 가장 먼저 기록하고 있다는 사실을 두렵게 인식해야 한다.

내가 우리 교회 성도들에게 자주 하는 얘기 중에 이런 게 있다.

"담임목사인 저는 저 달을 가리키는 손가락입니다. 여러분들은 제가 가리키는 달을 봐야지 제 손가락만 바라보면 안 됩니다."

왜 이런 부탁을 하는가? 현실적으로 보면 교회들마다 어느 손가락이 더 예쁜지 '손가락 자랑하기 경연대회'가 벌어지는 것 같다. 성도들이 다른 교회 성도들을 만나면 온통 자랑하는 것이 "우리 목사님 손가락이 제일 예뻐" 하지, 하나님을 자랑하는 경우는 드물지 않는가?

이런 현실을 두려워해야 한다. 혹시 지금 우리 교회에서 모세가 너무 부각되고 있지는 않은지 돌아봐야 한다. 아무리 모세가 매력적으로 보여도 사람을 의지하면 안 된다. 이것이 얼마나 많은 부작용을 낳고 있는가? 목사에게 상처 받았는데 왜 교회를 안 나오는가?

인간은 존경의 대상이 아니다. 그리고 인간은 의지의 대상이 아니다. 단지 그의 약함을 알고 긍휼히 여기며 기도해줘야 할 대상일 뿐이다. 목사라고 예외가 아니다. 이것을 잊어서는 안 된다.

목회자로서 성도들과 독자들에게 부탁한다. 하나님 앞에 너무나 훌륭한 종이자 지도자였던 모세조차도 우상으로 전락될 수 있다는 사실을 기억해야 한다. 그리고 하나님이 싫어하시는 우상숭배의 죄에 빠지지 않기 위해 늘 자기를 점검하고 돌아봐야 한다.

이런 맥락에서 본문 23절 말씀을 가지고 우상숭배에 빠지는 사람들의 잘못된 태도 두 가지를 점검하며 우리를 돌아보기 원한다.

가시적인 것에 마음이 쏠린다

첫째로 우상숭배자들이 가진 잘못된 태도는 눈에 보이는 '가시적인 것'에 마음이 쏠리는 미숙한 태도이다.

23절을 다시 한번 보라.

썩어지지 아니하는 하나님의 영광을 썩어질 사람과 새와 짐승과 기어 다니는 동물 모양의 우상으로 바꾸었느니라 롬 1:23

비극이 뭔지 다 알지 않은가? 사람들이 눈에 보이지 않는 것의 가치를 몰라도 너무 모른다는 것이다. 이런 추세는 시간이 갈수록 더한 것 같다.

우리나라의 성형이 얼마나 발달했는가? 성형 수술하는 사람들의 숫자가 여느 나라보다 월등히 높다. 이런 것들이 뭘 의미하는가? 외적인 것에 지나치게 관심이 많고, 또 외모로 모든 것을 판단하는 사회가 되었다는 뜻 아닌가? 가슴 아픈 것은 얼굴이 못생기면 취직도 안 되고, 결혼도 어렵다고 한다. 이게 얼마나 잘못된 가치관인가? 예수 믿는 우리라도 잘못된 가치관을 바꾸는 데 한 몫 해야 하는데, 우리도 지금 그 가치관을 따라 휩쓸리고 있는 것은 아닌지 돌아봐야 한다.

기억하라. 진짜 소중한 것은 눈에 보이지 않는다는 사실을. 날 위해 기도하시는 어머니의 사랑의 눈물, 날 구원하기 위하여 지신 십자가의 사랑, 이런 보이지 않는 것들의 소중함을 기억해야 한다.

이것을 놓칠 때, 로마서 1장 23절의 '썩어지지 아니하는 하나님의 영광을 썩어질 사람과 새와 짐승과 기어 다니는 동물 모양의 우상으로 바꾸어버리는 것'과 같은 어리석음을 범하게 되는 것이다.

앞에서 언급했던 '금송아지 사건'도 마찬가지다. 출애굽기 32장 4절을 보자.

아론이 그들의 손에서 금 고리를 받아 부어서 조각칼로 새겨 송아지 형상을 만드니 그들이 말하되 이스라엘아 이는 너희를 애굽 땅에서 인도하여 낸 너희의 신이로다 하는지라 출 32:4

이스라엘 백성들이 금송아지를 만들면서 뭐라 말하나? 이 금송아지가 하나님이라는 것이다. 하나님이 눈에 안 보이시니 답답해서 하나님을 눈에 보이는 형상으로 만들었을 뿐이라는 것이다. 탄식할 노릇 아닌가?

언약궤도 우상이 될 수 있다

이런 어리석음은 사무엘상 4장에서도 그대로 나타난다. 사무엘상 4장의 배경이 어떤가 하면, 이스라엘 백성들이 블레셋과 전쟁을 치르다 그만 패배했다. 이스라엘 입장에서 억장이 무너지는 상황이다. 하지만 사람이 살다 보면 전쟁에 이길 때도 있고 또 패할 때도 있는 것 아닌가? 사람이 실패를 경험할 때 중요한 것은 그 실패의 원인을 잘 분석하는 것이다.

그런데 블레셋과의 전쟁에서 패한 이스라엘 백성들은 바로 이 부분에서 큰 실수를 저지른다. 이스라엘의 지도자인 장로들이 패배 원인을 아주 유치하게 분석했다. 전쟁에 나갈 때 하나님 임재의 상징인 언약궤를 가지고 가지 않아서 패했다는 것이다. 이런 엉터리 분석을 패배 원인이라고 내어놓고는, '하나님의 임재의 상징인 언약궤를 가지고 가면 반드시 이길 수 있다'는 이상한 확신을 가지고 2차 전쟁을 치르게 된다. 이렇게 언약궤를 앞세워 2차 전쟁을 치렀는데 결과는 또 패배이다.

사무엘상 4장 10, 11절을 보라.

블레셋 사람들이 쳤더니 이스라엘이 패하여 각기 장막으로 도망하였고 살육이 심히 커서 이스라엘 보병의 엎드러진 자가 삼만 명이었으며 하나님의 궤는 빼앗겼고… 삼상 4:10,11

1차 때보다 훨씬 더 많은 병사가 목숨을 잃었고, 더 기가 막힌 것은 반드시 자기들을 전쟁에서 승리케 할 것이라 확신했던 언약궤마저 빼앗겨버렸다. 이게 어떻게 된 일인가?

이 질문을 가지고 성경을 읽다가 사무엘상 3장 1절에서 패배의 원인을 발견했다.

아이 사무엘이 엘리 앞에서 여호와를 섬길 때에는 여호와의 말씀이 희귀하여 이상이 흔히 보이지 않았더라 삼상 3:1

나는 이 말씀 속에서 전쟁 패배의 원인을 발견한다. 말씀에 어두우니 이런 짓을 저지르게 되는 것이다.

로마서 1장 23절에 비추어 설명하자면, 지금 이스라엘 백성들은 눈에 보이지 않는 하나님의 영광을 발로 다 차버리고 눈에 보이는 하나님 임재의 상징인 언약궤만 소중히 여기는 것이다. 언약궤는 누가 만든 것인가? 인간이 만든 것이다. 인간이 만든 언약궤만 소중히 여기는 태도, 이것이 우상숭배이다. 이런 말씀 앞에 우리가 두려워해야 하는 것이 무엇인가? 하나님 임재의 상징인 언약궤조차도 우상이 될 수 있다는 것이다.

나는 가끔씩 우리 교회 강단 뒤에 걸려 있는 큼직한 십자가를 떼야 하는 건 아닌가 충동을 느낄 때가 있다. 십자가 모양, 그것은 아무것도 아니다. 십자가에 달리신 예수 그리스도, 더 정확하게 말하자면 죄로 죽을 수밖에 없는 우리 영혼을 불쌍히 여기셔서 십자가를 지신 예수 그리스도가 중요하고 소중한 것이지, 그 껍데기는 아무것도 아니다.

교회 다니는 집집마다 걸려 있는 예수님 사진도 마찬가지다. 많은 성도들이 예수님의 얼굴이라고 웬 서양 남자 그림을 가져다 걸어놓았는데, 그건 예수님의 얼굴이 아니다. 이사야서를 읽어보라. 예수님은 그렇게 잘생기지 않으셨다. 그 그림을 벽에 걸어놓는 게 중요한 게 아니다.

똑같은 이치로, 십자가 목걸이를 걸고 다니는 게 중요한 게 아니다. 예수님 당시의 사람들은 십자가를 집에 걸어놓으면 아마 기절을 하고 도망갔을 것이다. 사실 그건 살인범들을 매다는 흉악한 처형 도구 아니었는가? 그 흉악한 십자가 형틀을 우리를 구원해주시는 복음의 도구로 사용하신 놀라운 하나님의 능력, 그분의 영광이 소중한 것이지 눈에 보이는 형상은 아무것도 아니다. 그러므로 우리는 하나님의 영광을 사모해야 한다. 하나님의 영광을 목도하기 위해 하나님의 말씀을 사모해야 한다.

그런가 하면 둘째로 우상숭배자들이 가진 잘못된 태도가 무엇인가? 자기들의 필요에 따라 '마음대로 조종할 수 있는 신'을 원한다는 것이다.

마태복음 6장 24절에서 예수님은 이런 말씀을 하신다.

한 사람이 두 주인을 섬기지 못할 것이니 혹 이를 미워하고 저를 사랑하거나 혹 이를 중히 여기고 저를 경히 여김이라 너희가 하나님과 재물을 겸하여 섬기지 못하느니라 마 6:24

예수님은 지금 왜 재물을 하나님과 동급에 놓고 계신가? 재물을 '사용한다'라고 말씀하셔야지 왜 재물을 '섬긴다'라고 표현하셨는가 말이다.

우리가 돈과 관련해 다 아는 사실 하나가 있다. 전에는, 아직 우리가 가난할 때는 재물이 우리를 섬겼다. 그런데 어느 날 정신을 차리고 봤더니 우리가 재물을 섬기고 있다.

신문 기사나 뉴스를 보다 보면 정말 기가 막힌 소식이 들려올 때가 많다. 보험금을 타내겠다고 전 남편을 죽이고, 재혼한 남편을 죽이고, 시어머니도 죽이고, 심지어 딸에게까지 제초제를 섞은 음식을 먹인 사건도 있었다. 아무리 끔찍한 사건에 대한 뉴스를 들어도 '죄성을 가진 인간이니 이런 끔찍한 죄를 지을 수도 있구나' 했지만, 자기 친딸에게까지 농약을 먹였다는 것은 정말 도저히 이해가 가지 않았다.

그 여자는 벌써 가족을 죽여서 보험금을 몇 번 타먹은 상태였다. 그 사람이 붙잡히고 나서 이런 이야기를 했다고 한다.

"여기서 멈추게 돼서 다행입니다."

이게 뭘 의미하는가? 돈이 신이 되어버린 것이다. 예수님이 말씀하시는 재물, 맘몬 신의 위력이 이렇게 큰 것이다.

앞에서 이스라엘 백성이 블레셋과의 1차 전쟁에서 패했다고 했는데, 사무엘상 4장 3절에 보면 왜 2차 전쟁에서 그들이 언약궤를 동원하게 됐는지를 이렇게 분석하고 있다.

백성이 진영으로 돌아오매 이스라엘 장로들이 이르되 여호와께서 어찌하여 우리에게 오늘 블레셋 사람들 앞에 패하게 하셨는고 여호와의 언약궤를 실로에서 우리에게로 가져다가 우리 중에 있게 하여 그것으로 우리를 우리 원수들의 손에서 구원하게 하자 하니 삼상 4:3

이 구절에서 발견한 첫 번째 포인트는, 이스라엘 장로들이 자기들의 잘못을 하나님께 책임 전가하고 있다는 것이다. 하나님이 움직이지 않으셔서 패하게 되었다는 것이다. 그러면서 그들이 생각한 대안이 무엇인가?

"언약궤를 동원하자. 하나님 임재의 상징인 언약궤를 동원하면 하나님도 안 도와주시고 못 배기실 것이다."

무슨 의미인가? 하나님을 자기의 목적을 이루기 위한 수단으로 전락시키고 있는 것 아닌가?

기도는 하나님을 조종하는 수단이 아니다

기도를 하나님을 조종하고 협박하는 도구로 생각하는 사람이 있다. 이것은 너무나 잘못된 생각이다. 기도가 정말 고집불통인 하나님을 어르고 달래어 하나님 손에 있는 복을 얻어내는 것인가? 얻어낼 것이 없으면 기도도 안 한다.

기도는 그런 게 아니다. 기도는 아버지 되시는 하나님 앞에서 미숙하기 짝이 없는 내 고집을 꺾고 나보다 크신 하나님의 생각 앞에 굴복하기 위해 드리는 것이다. 하나님 앞에 나의 탐심을 기어이 억누르기 위해 사용하는 것, 그게 기도이다.

나는 앞에서 살펴본 사무엘상 4장에 나오는 미숙한 이스라엘 지도자들의 모습과는 너무나 대조적인 인물을 발견하는데, 여호수아서 7장에 나오는 여호수아이다.

여호수아서 7장에도 보면 사무엘상 4장과 마찬가지로 전쟁에서 패했다. 이것이 공통점이다. 전쟁에서 패한 게 얼마나 쓰라렸는지, 여호수아 7장 4,5절을 한번 보라.

> 백성 중 삼천 명쯤 그리로 올라갔다가 아이 사람 앞에서 도망하니 아이 사람이 그들을 삼십육 명쯤 쳐죽이고 성문 앞에서부터 스바림 까지 쫓아가 내려가는 비탈에서 쳤으므로 백성의 마음이 녹아 물같이 된지라 수 7:4,5

이런 쓰라린 실패를 경험해본 적이 있는가? 마음이 녹아 물같이 되는 아픔은 겪어 본 사람만이 아는 고통이다. 살아가다 보면 이런 쓰라린 아픔과 고통을 겪을 때가 있다. 반드시 있다. 이것이 인생이다. 누군들 이걸 피할 수 있는가?

중요한 것은 마음이 녹아 물같이 되는 쓰라림이 없어서 복된 것이 아니라, 그런 일이 있을 때 이것을 잘 분석해서 하나님 앞에 영적으로 성숙해지는 도구로 사용해야 한다는 것이다.

지금 마음이 녹아 물같이 된 쓰라린 분이 있다면 영안을 열고 한번 보라. 당신 앞길에 두 갈래 길이 놓여 있을 것이다. 한 갈래는 무엇인가? 사무엘상 4장의 이스라엘 장로들이 걸어간 길, 인간적이고 눈에 보이는 것만 추구해서 더 쓰라린 눈물을 자아내게 만드는 잘못된 길이 하나 있다. 그런가 하면, 다른 한 갈래로 여호수아 7장에서 여호수아가 걸었던 길이 있다. 여호수아의 길은 어떤 길인가?

여호수아서 7장 6,8절을 보라.

> 여호수아가 옷을 찢고 이스라엘 장로들과 함께 여호와의 궤 앞에서
> 땅에 엎드려 머리에 티끌을 뒤집어쓰고 저물도록 있다가 ⋯ 주여 이
> 스라엘이 그의 원수들 앞에서 돌아섰으니 내가 무슨 말을 하오리이
> 까 수 7:6,8

범죄한 건 여호수아가 아니다. 그러나 여호수아는 누구에게도
책임을 전가하지 않았다. 자기가 잘못하지 않았지만, 자기 백성인
아간의 죄를 주님 앞에 중보하며 가슴을 찢고 회개함으로 하나님
앞에 나아갔다.

하나님을 이용하기 위해 언약궤를 가지고 "하나님도 이번엔 안
움직이고는 못 배기실 거야"라는 악한 태도로 나아간 장로들의 길
이 아니라, 하나님 앞에 자기를 돌아보고 점검하며 회개의 자리로
나아갔던 여호수아의 길, 우리가 가야 할 길이 그 길 아닌가?

주님의 영광을 구하라

로마서 1장 23절에 나오는 우상을 만드는 어리석음을 피하기 위
해서 우리가 취해야 될 대안은 하나밖에 없다. 로마서 1장 17절을
경험하는 것이다.

복음에는 하나님의 의가 나타나서 믿음으로 믿음에 이르게 하나니 기록된 바 오직 의인은 믿음으로 말미암아 살리라 함과 같으니라 롬 1:17

우리는 스스로 자칫하면 그저 눈에 보이는 '가시적인 것'에만 마음이 쏠릴 수 있는 미숙한 자들이라는 것을 솔직히 인정해야 한다. 우리의 필요에 따라 '마음대로 조종할 수 있는 신'을 원하는 미숙함이 바로 내 모습이다. 이런 우리의 미숙함을 이길 능력은 오직 하나님의 능력을 목도하는 것이다. 우리가 무엇을 위해 기도해야 하는가?

'하나님, 내가 지금 마음이 녹아 물같이 됐습니다. 잘해보려고 시작한 가정인데 이렇게 됐습니다. 잘 키워보자고 시작한 자녀 교육인데 이렇게 됐습니다. 그래서 하나님, 저에게 하나님의 영광이 필요합니다. 하나님의 은혜가 필요합니다. 하나님의 능력이 필요합니다. 마음이 녹아 물같이 된 내 심령 속에 싸매어주시는 하나님의 은혜가 필요합니다.'

개척 초기에 너무나 두렵고 떨려서 새벽에 교회에 나와 앉으면 나오는 건 눈물밖에 없었다. 그때 새벽예배 때마다 주님 앞에 나아가 많이 울면서 부르던 찬양이 있다.

내 눈 주의 영광을 보네 우리 가운데 계신 주님
그 빛난 영광 온 하늘 덮고 그 찬송 온 땅 가득해

그때는 정말 하나님 앞에 나와 많이도 울었다. 울면서 이렇게 기도했던 기억이 난다.

"아버지, 혼미한 저에게만 이 교회를 맡겨두지 마시고 이 교회에 주님의 영광이 나타나기를 원합니다. 주님의 영광이 이 교회를 가득 채우기를 원합니다."

지난 세월을 되돌아보면 하나님께서는 이 기도에 신실하게 응답해주셨다. 많은 초신자가 주님을 영접하고, 많은 낙심한 성도가 이런 고백을 했다.

"이상하게 예배당에 들어와 자리에 앉는데 눈물부터 나고, 찬양을 듣는데 눈물이 쏟아지는 거예요."

설교를 시작한 것도 아닌데, 벌써부터 하나님의 영광에 압도당하는 분들의 간증이 이어졌다. 10년 전에 하나님을 떠났던 어떤 성도는 주님 앞에 와 앉는데, 포근히 자기를 안아주시는 하나님을 영적으로 경험했다. 너무나 신실하신 주님이 종의 기도를 들으셔서 주님을 예배하는 이곳에 주의 영광으로 가득 채워주셨다!

지금 어떤 어려움 속에서 낙심하고 있는가? 가정이 어려운가? 자녀가 엇나가 답답한 마음으로 가슴만 치고 있는가? 마음이 녹아 물같이 되었는가? 하나님의 영광을 구해야 한다. 우리 눈에 보이는 그 언약궤로는 안 된다. 주님이 달리신 그 십자가 모양으로는 안된다. 우리에겐 십자가 모양이 아니라 주님, 그분이 필요하다.

주님을 구하라! 주님의 영광을 구하라! 신실하신 주님이 우리 가운데 임재해주신다. 그분의 영광으로 가득 채워주신다. 그 영광을 목도할 때 우리의 미숙함이 깨어지고 눈에 보이는 우상이 아닌 하나님 한 분만을 바라보게 된다.

"주여, 우리에겐 주님이 달리신 십자가 모양이 아니라 주님이 필요합니다. 주님의 영광이 필요합니다!"

로마서 1장 21-23절

21 하나님을 알되 하나님을 영화롭게도 아니하며 감사하지도 아니하고

오히려 그 생각이 허망하여지며 미련한 마음이 어두워졌나니 22 스스

로 지혜 있다 하나 어리석게 되어 23 썩어지지 아니하는 하나님의 영광

을 썩어질 사람과 새와 짐승과 기어 다니는 동물 모양의 우상으로 바꾸

었느니라

내 안의 적 탐심을 깨뜨려라

지금 우리는 로마서의 본문을 하나하나 자세히 살펴보고 있는데, 이럴 때 주의해야 할 것이 로마서 전체의 맥락을 놓치지 않는 것이다. 흔히 이런 경우를, 나무 한 그루 한 그루를 살펴보면서 동시에 숲 전체를 봐야 한다고 말한다. 지금 이 나무가 숲의 어디쯤에 있는 나무인지 살피는 작업을 병행하면서 숲과 나무를 함께 봐야 한다는 뜻이다.

이런 맥락에서 지금까지 살펴본 로마서에 대해 다시 정리해보자. 로마서 전체의 구조를 놓고 보자면, 1장 1절부터 17절까지는 인사말이자 서론이다.

그리고 18절부터 본격적으로 로마서가 시작되는데, 'good news'(기쁜 소식)인 복음을 다루면서 본론으로 들어가자마자 가장 먼저 무서운 하나님의 진노에 대해 피력하고 있다. 왜 그런가 하니, 복음을 받기 이전의 인간 상태가 얼마나 심각한 상태인가를 자각하는 것, 여기서부터 복음이 시작되기 때문이다.

그러면 하나님의 진노를 자아내는 첫 출발이 뭐라고 했는가? '불경건'이다. 영어로는 'godlessness'이다. 하나님이 마음에 없는 상태, 하나님을 마음에서 내보내고 하나님으로부터 독립해서 내 마음대로 살려는 본능이다.

이것이 하나님의 진노를 낳게 하는 첫 출발이고, 이 불경건의 마지막 종착지가 우상숭배이다. 하나님이 없는 마음 상태는 반드시 우상숭배로 결론짓게 된다.

이것이 앞에서 살펴본 내용들이다.

탐심이 가장 무서운 우상이다

이제 여기서는 '우상숭배'와 관련하여 꼭 짚고 넘어가야 할 한 가지 포인트를 더 살펴보려고 한다. 그렇다면 과연 우상숭배가 뭐냐는 것이다.

골로새서 3장 5절을 보자.

그러므로 땅에 있는 지체를 죽이라 곧 음란과 부정과 사욕과 악한 정욕과 탐심이니 탐심은 우상숭배니라 골 3:5

여기서 우리가 발견해야 할 포인트가 무엇인가? 보통 '우상' 하면 외형적인 그 무엇을 떠올리게 되지 않는가? 구약에서 금송아지 형상을 만들어 섬기는 행위라든지, 요즘으로 치면 부적을 만들어 붙이거나 지니고 다니는 행위를 우상숭배라고 한다.

그런데 골로새서 3장 5절에 보니 그런 것과 전혀 다른 차원의 우상숭배를 언급하는데, 바로 '내 마음 안에 있는 탐심'이 우상이라는 것이다.

빌립보서 3장 19절에도 보면 이런 말씀이 있다.

그들의 마침은 멸망이요 그들의 신은 배요 그 영광은 그들의 부끄러움에 있고 땅의 일을 생각하는 자라 빌 3:19

여기서 말하는 '배'는 영어로 'stomach'(배, 복부)이다. 내 배가 우상이라는 것이다. 이것이 얼마나 무서운 우상인지, 바로 앞 절에서 바울은 이 문제를 이중, 삼중으로 이렇게 경고한다.

내가 여러 번 너희에게 말하였거니와 이제도 눈물을 흘리며 말하노니 여러 사람들이 그리스도의 십자가의 원수로 행하느니라 빌 3:18

금송아지를 만들어 그것에 절하고 섬기는 외형적인 행위만이 십자가의 원수가 아니라 내 배만 채우고 섬기고자 하는 탐심, 이것도 무서운 우상이란 것이다. 탐심이 얼마나 무서운 우상인지, 바울은 이렇게 경고하고 있다. 디모데전서 6장 10절을 보라.

> 돈을 사랑함이 일만 악의 뿌리가 되나니 이것을 탐내는 자들은 미혹을 받아 믿음에서 떠나 많은 근심으로써 자기를 찔렀도다 딤전 6:10

이 말씀 역시 우리 내면에 도사리고 있는 탐심의 파괴력을 피력하고 있는 것 아닌가?

최근에 인터넷에서 누가 이런 글을 올린 것을 봤다.

"예수님의 사랑에 대한 간증의 글을 보고 싶다."

그랬더니 어떤 사람이 이런 댓글을 달았다.

"돈이 일만 악의 뿌리인 맘몬 신이라면서 그 우상을 교회가 끌어안고 놔주지 않습니다."

처음엔 예수님의 사랑에 대한 간증의 글이 보고 싶다는데 왜 이런 댓글을 다는지 의아했는데, 아마도 예수님의 사랑을 느끼는 데 방해하는 것들이 교회 안에 만연해 있다는 지적이지 않았을까 싶다. 그 댓글이 지적하는 것처럼 교회 안에 맘몬 신이라 표현되는 탐욕이 가득 차서 예수님의 사랑을 느끼는 데 방해가 되고 있다면 심각한 문제 아닌가?

이런 생각을 하다 보니 빌립보서 3장 18절의 바울의 추상같은 꾸지람이 떠올랐다.

내가 여러 번 너희에게 말하였거니와 이제도 눈물을 흘리며 말하노니 여러 사람들이 그리스도의 십자가의 원수로 행하느니라 그들의 마침은 멸망이요 그들의 신은 배요 그 영광은 그들의 부끄러움에 있고 땅의 일을 생각하는 자라 빌 3:18,19

이런 말씀 앞에 우리 모두는 두려운 마음을 가져야 한다. 특히 나는 교회를 섬기는 목사이다 보니 더 심각한 마음으로 본문 말씀을 대하게 되었다. 이 말씀을 읽고 또 읽고, 묵상하고 또 묵상하면서 나 자신을 되돌아봤다.

이렇게 19절 말씀을 여러 차례 읽다 보니, 여기서 탐심이라는 우상에 빠진 사람들에게 나타나는 몇 가지 특징을 발견할 수 있었다.

탐심에 빠진 자의 특징

욕망을 신처럼 섬긴다

첫 번째 특징은, 탐심이라는 우상에 빠져 있는 사람은 욕망을 하나님처럼 섬긴다는 것이다.

"그들의 신은 배요."

우리는 이런 말씀을 통해서 경고 받아야 한다. 자기를 위하는 마음이야 타고날 때부터 주어진 본능이겠지만, 그 본능을 통제하지 못할 때 자기 배를 신처럼 섬기는 어리석은 자리에 빠질 수 있음을 경고 받아야 한다. 우리 주변에서 이런 탐욕스러운 사람들을 많이 보게 되는데 그 탐심의 강도가 점점 더 심해지는 것이 그들의 공통된 모습이다.

두려운 것은, 이런 모습은 신앙 행위에도 나타날 수 있다는 것이다. 목회자로서 나는 무엇보다 이것을 두려워한다.

혹시 내가 주님을 섬긴다면서 열심히 설교 준비를 하고 뛰어다니며 사람을 만나는 것이 내 배를 섬기는 행위는 아닌지, 어떻게 해서든 사람들에게 인정받기를 갈구하며, 어떻게 해서든 다른 목회자들보다 내가 더 유능해져서 그 열매를 다 받아 누리고 싶은 욕망이 내재되어 있는 것은 아닌지 돌아보게 된다. 표면적으로 드러나는 성직(聖職)조차 내 배를 채우는 수단으로 전락할 수 있다는 사실을 두려운 마음으로 바라보게 된다.

그 수치를 모른다

탐심에 빠진 사람의 두 번째 특징은, 그것이 얼마나 수치스러운 일인지 모른다는 것이다.

"그 영광은 그들의 부끄러움에 있고."

사람이 부끄러움을 모르면 끝이다. 성도가, 목사가 수치를 수치로 알아야지, 그것을 모르기 때문에 오늘날 한국교회가 수치의 자리로 빠져 들어간 것 아닌가?

부모가 자식들 앞에 부끄러움을 부끄러움으로 알지 못할 때 가정이 비참해지는 것이다.

　마음이 세상일에만 쏠려 있다

　탐심에 빠진 사람의 세 번째 특징은, 그 마음이 온통 세상일에만 쏠려 있다는 것이다.

　"땅의 일을 생각하는 자라."

　내가 어디서 재밌는 글을 하나 읽었다. 어느 여 집사님의 가정에 교회 목사님이 심방을 오시기로 했다. 그 집사님은 목사님에게 잘 보이고 싶은 마음에 집을 치우다가 어린 딸에게 이렇게 말했다.

　"얘, 목사님이 우리 집에 심방을 오신다고 하는데, 안방에 가서 우리가 제일 아끼는 책을 가지고 오너라."

　어떤 상황인지 감이 잡히지 않는가? 아마도 그 집사님은 어린 딸이 성경책을 가지고 오리라 기대하지 않았을까? 그런데 딸이 안방으로 달려가서 책 한 권을 가져와 엄마에게 내미는데, 보니까 백화점 카탈로그였다.

　그 어린아이가 생각하기에 엄마가 가장 아끼는 책이 백화점 카탈로그였다는 것이 우습지 않은가? 마음이 온통 세상을 향해 있는 현실을 빗대어서 하는 이야기이기에 우습기도 하지만 한편으로 씁쓸하기도 하다.

그들의 결국은 멸망이다

마지막 네 번째로 탐심이란 우상에 빠진 사람들의 특징은, 그들의 결국은 멸망이라는 것이다.

"그들의 마침은 멸망이요."

이렇게 무서운 것이 탐심이다. 그렇기 때문에 탐심이라는 우상을 방치하면 안 된다. 앞서 한 번 언급했던, 보험금을 노리고 두 남편과 시어머니를 살해한 그 사람이 날 때부터 이런 악한 마음을 품고 있었을 것이라고는 생각하지 않는다.

처음에 그의 내면에 아주 작고 사소한 탐심이 꿈틀거리기 시작할 때 방치해 두니 이것이 점점 자라서 이런 끔찍한 자리에까지 빠진 것이 아닌가 싶다.

나는 간혹 길을 가다가 이렇게 중얼거릴 때가 있다.

'이찬수! 너 여기서 더 욕심내면 넌 인간도 아니야!'

나 스스로 꾸짖으며 통제하고자 하는 마음으로 하는 이상한 중얼거림이지만, 나는 믿는다. 마음을 보시는 하나님께서 이런 나의 어색한 중얼거림에도 개입해주셔서 마음에 움트는 탐심을 제거해주실 것을.

이런 맥락에서 본문 말씀을 통해 나를 비롯한 모든 크리스천들이 우리 안에 자리 잡고 있는 크고 작은 탐심의 문제를 어떻게 해야 하는지, 탐심과 관련한 두 가지 포인트를 살펴보려고 한다.

첫째로, 우리는 탐심과의 싸움에 '복음의 능력'을 활용해야 한다.
바울은 로마서 1장 16절에서 복음과 관련해서 무슨 전제를 선포
하는가?

내가 복음을 부끄러워하지 아니하노니 이 복음은 모든 믿는 자에게
구원을 주시는 하나님의 능력이 됨이라 롬 1:16

바울이 여기서 강조하는 것은 복음이 능력이란 사실이다. 바울이
기록한 서신들을 살펴보면 복음이 이론이 아니라 능력이라는 사실
을 얼마나 자주 반복하는지 모른다. 바울은 복음이 능력임을 왜 이
토록 강조하는가?
신앙생활 하는 우리에게 이것만큼 중요한 전제가 없기 때문이다.
그러므로 우리는 이 사실을 기억해야 한다. 우리가 믿는 복음에 하
나님의 능력이 나타나지 않는다면, 그 복음은 한낱 부끄럽고 미련
한 도구에 불과하다는 사실을 말이다.

십자가의 도가 멸망하는 자들에게는 미련한 것이요 구원을 받는 우
리에게는 하나님의 능력이라 고전 1:18

믿는 우리가 해야 할 일이 있다. 우리 삶 속에서 내가 믿는 복음

이 하나님의 능력임을 입증하는 일이 그것이다.

우리는 세상 사람들이 믿는 우리를 향해 '입만 살았다'라는 비아냥거림을 멈추지 않는 현실을 부끄러워해야 한다. 말로는 온 세상을 들었다 놨다 할 정도로 복음의 능력이 크다고 선포하면서도, 내 안의 작은 욕심 하나도 내려놓지 못하고 살아가고 있는 모습이 이런 비극을 만든 요인은 아닌지 돌아봐야 한다.

바울은 고린도전서 4장 19절에서 그 당시 교만했던 고린도교회 성도들을 향해서 이렇게 일침을 가했다.

> 주께서 허락하시면 내가 너희에게 속히 나아가서 교만한 자들의 말이 아니라 오직 그 능력을 알아보겠으니 하나님의 나라는 말에 있지 아니하고 오직 능력에 있음이라 고전 4:19,20

이 말씀이 내 마음에 아픈 찔림이 된다. 바울이 지금 살아 있다면 나와 우리 교회에게 이 말씀을 주실 것 같다. 우리는 정말 하나님의 나라는 말에 있지 않고 오직 능력에 있다는 사실을 뼛속 깊이 인식해야 한다.

그리고 한 가지 더 인식해야 할 것이 있다. 복음이 능력이라면, 그것이 어디에 쓰이는 능력이냐는 것이다.

이런 관점으로 성경을 읽어보라. 물론 당연히 귀신을 제압하는 등의 '외부의 적'을 물리치는 차원에서도 쓰이지만, 더 많은 경우 복음의 능력은 외부의 적이 아닌 내 안의 탐욕을 다스리는 데 쓰인다.

자기 자신도 다스리지 못해서 그 안의 탐심을 해결할 수 없다면, 만날 걸걸한 목소리로 "예수 그리스도의 이름으로 명하노니 악한 사탄아 떠나갈지어다"라고 외친들, 무슨 소용이 있겠는가?

지금이라도 깨달으면 좋겠다. 가장 무서운 적은 외부가 아니라 바로 내 안에 있다는 사실을. 그리고 내가 가진 복음의 능력은 내 안에서 끊임없이 솟아오르는 탐심을 제어하는 능력이라는 사실을 말이다.

2015년에 프랑스 알프스에 독일 여객기가 추락하여 150명의 사망자를 낸 가슴 아픈 사고가 있었다. 그런데 끔찍한 것은 조종사가 조종실을 나간 사이에 부조종사가 안에서 문을 걸어 잠그고 저지른 짓이라는 점이다.

9·11 테러 이후 공중 납치를 예방하기 위해 보안이 강화된 조종실 문은 암호가 필요했고, 암호를 알고 있어도 안에서 문을 잠그면 조종실 문을 열 수 없게 바뀌었다고 한다. 테러나 납치 사고를 예방하기 위한 조치였지만, 오히려 이것이 화근이 된 것이다. 적이 내부에 있을 줄 누가 알았겠는가?

이것이 인생이다. 누가 나를 죽이는가? 적은 내 안에 있다. 우리가 분개하는 외부의 그 어떤 적보다 더 무서운 것이 내 안에 있는 '나를 너무나 끔찍이 사랑하여 내 배를 우상으로 섬기는 나 자신'에게 있다. 복음의 능력을 활용하지 않고는 내 안의 탐심이라는 무서운 적을 결코 이길 재간이 없다.

보험금을 노리고 두 남편과 시어머니를 죽였던 사람이 붙잡히고 나서 했다는 이 한 마디 안에 인간의 본질이 다 담겨 있지 않은가?

"이제라도 잡혀서 여기서 멈추게 되어 다행입니다."

누가 자기를 붙잡아 감옥에 집어넣기 전까지는 자기 힘으로는 도저히 그 내면의 끔찍한 악마인 탐심을 제압할 수 없다는 것이다.

복음의 능력을 선포하라

그러므로 우리는 복음이 능력임을 믿고, 그 복음의 능력으로 탐심과의 전쟁을 선포해야 한다. 이런 의미에서 나는 갈라디아서 5장 24절의 말씀을 중요하게 생각한다.

그리스도 예수의 사람들은 육체와 함께 그 정욕과 탐심을 십자가에 못 박았느니라 갈 5:24

우리에게 이 선언이 필요하다. 그런데 여기서 주체를 한번 보라. 정욕과 탐심을 십자가에 못 박은 주체가 누구인가? '그리스도 예수의 사람들', 다시 말해 예수 믿고 변화된 사람들이라고 말한다. 전에는 힘이 없어 탐심이 이끄는 대로 끌려 다닐 수밖에 없었는데, 이제는 내가 예수 믿고 내 안에 자리 잡은 복음이 능력이라는 사실을 확신하면서 용기가 생긴 것이다.

"이제 더 이상 탐심이 이끄는 대로 끌려 다니지 않겠다. 나는 이제 선언한다. 정욕과 탐심은 십자가에 못 박아버렸다."

이 선포가 왜 능력이 되는가 하면, 복음이 능력이기 때문이다. 고린도후서 10장 3절부터 보라.

> 우리가 육신으로 행하나 육신에 따라 싸우지 아니하노니 우리의 싸우는 무기는 육신에 속한 것이 아니요 오직 어떤 견고한 진도 무너뜨리는 하나님의 능력이라 모든 이론을 무너뜨리며 하나님 아는 것을 대적하여 높아진 것을 다 무너뜨리고 모든 생각을 사로잡아 그리스도에게 복종하게 하니 고후 10:3-5

내 안에 세워진 탐욕이라는 이름의 빌딩, 이 무서운 빌딩을 파괴시키는 강력한 능력이 바로 복음이다. 이 복음의 능력을 믿고 "그 정욕과 탐심을 십자가에 못 박았느니라"라고 선포해야 한다.

이 선포가 왜 중요한가 하면, 우리가 갈라디아서 5장 24절에서 이렇게 선포하면 어떤 놀라운 능력이 뒤따라오는가? 그다음 25절을 보라.

> 만일 우리가 성령으로 살면 또한 성령으로 행할지니 갈 5:25

전에는 날 인도해주시는 가이드 없이 이리저리 방황하는 혼미한 삶을 살았는데, 내가 정욕과 탐심을 십자가에 못 박고 주님의 능력을 의지하자 나의 인도자 되시는 성령님이 보이기 시작하는 것이다. 그 성령님의 손을 붙잡고 그분의 인도하심을 따라가다 보니 인생에 자신이 생기는 것 아닌가?

이 말씀을 묵상하던 어느 날 새벽, 갑자기 이 찬양이 내 마음에서 너무나 강하게 역사했다.

우리들의 무기는 육체가 아니요
그러나 강하오 참으로 강하오
우리들의 무기는 육체가 아니요
그러나 강하오 성령 안에서
견고한 진을 파하는 강력이요
강한 힘이요 참으로 강하오
견고한 진을 파하는 강력이요
강한 힘이요 성령 안에서

계속 이 찬양이 맴도는데 마음속에서 용기와 자신감이 솟아올랐다. 보험금 때문에 살인을 저지른 여자처럼 자기 스스로 탐심을 제압할 수 없다고 여기는 것이 아니라, 내 안의 강력한 요새를 무너뜨리는 복음의 능력을 확신하게 되는 것이다.

우리가 정욕과 탐심을 십자가에 못 박았다고 선언하는 순간 복음이 내 안에 능력이 됨과 성령께서 내 손을 붙잡아주심을 자각하는 영안이 열리게 될 줄 믿는다.

탐심으로 영적 상태를 점검할 수 있다

둘째로, 우리가 탐심과 관련하여 기억해야 할 것은, 바로 탐심이라는 바로미터를 가지고 자기 자신의 '영적 상태'를 점검할 수 있다는 것이다.

이것이 무슨 말인가? 구약의 민수기 11장을 보라.

그들 중에 섞여 사는 다른 인종들이 탐욕을 품으매 이스라엘 자손도 다시 울며 이르되 누가 우리에게 고기를 주어 먹게 하랴 우리가 애굽에 있을 때에는 값없이 생선과 오이와 참외와 부추와 파와 마늘들을 먹은 것이 생각나거늘 이제는 우리의 기력이 다하여 이 만나 외에는 보이는 것이 아무것도 없도다 하니 만나는 깟씨와 같고 모양은 진주와 같은 것이라 민 11:4-7

지금 어떤 상황인가? 하나님께서는 홍해를 건너 광야를 행진하는 이스라엘 백성들을 위해 '만나'를 공급해주셨다. 그런데 이스라엘 백성들이 '만나'만으로는 만족이 안 되어 다른 것도 먹고 싶다면서 불평하는 장면이다. 애굽에서 먹었던 생선과 오이와 참외와 부추와 파와 마늘들이 생각난다면서 말이다.

물론 은혜를 망각하고 불평한 백성들의 잘못이 크지만, 이런 불평에 대한 하나님의 과한 반응도 이해하기가 쉽지 않다. 10절을 보자.

> 백성의 온 종족들이 각기 자기 장막 문에서 우는 것을 모세가 들으니라 이러므로 여호와의 진노가 심히 크고 모세도 기뻐하지 아니하여
> 민 11:10

좀 이상하지 않은가? 이스라엘 백성들이 무슨 상어 지느러미나 왕실의 호화 음식을 요구한 것도 아니고, 그들이 원하는 것이라고는 아주 소박한 것, '값없는 생선, 오이, 참외, 부추, 파, 마늘' 이런 것들이었는데, 하나님께서 이렇게까지 크게 진노하실 일인가?

그런데 우리가 성경을 읽다가 이렇게 이해가 안 되는 부분을 만났을 때 반응을 잘해야 한다.

'어? 하나님이 이상하시네? 왜 이렇게까지 화를 내시는 거지? 도무지 이해할 수 없어.'

이렇게 반응하는 것은 꼭 사춘기 미숙한 아이들의 태도와 같다.

'도대체 아빠가 왜 저렇게 화를 내시는 건지 난 도무지 이해할 수가 없어.'

나는 이런 구절을 대할 때마다 역발상을 가지고 해석하려고 한다. 우리 눈으로 보기에 아무것도 아닌 것 같은 일을 가지고 하나님이 이렇게까지 진노하신다고 할 때, 여기에 무슨 메시지가 있는

것은 아닐까 생각해보는 것이다.

이런 차원에서 민수기 11장을 묵상하다가, 불평하는 이스라엘 백성들을 향한 하나님의 진노를 보면서 '탐욕'과 관련한 너무나 중요한 두 가지 진리를 발견했다.

자족하지 못하는 마음이 탐욕이다

첫째로 하나님이 생각하시는 탐욕이란, '하나님이 주신 것에 대해 자족하지 못하는 마음'이라는 것이다.

우리가 탐욕과 관련하여 사탄에게 자주 속아 넘어가는 것이 있다. 탐욕을 뭔가 엄청난 것을 갖고 싶어 하는 마음이라고 생각하는 것이다. 하지만 하나님 입장에서는 탐욕이 그렇게 엄청나고 대단한 욕심의 문제만은 아니란 것이다. 하나님의 입장에서는 우리가 다이아몬드를 탐내든, 부추나 파나 마늘 같은 별 것 아닌 것들을 먹고 싶어 하든 상관없다. 하나님이 주신 것에 만족하지 못하는 마음이 탐욕인 것이다.

세상의 방식을 좇는 것이 탐욕이다

그런가 하면 둘째로 하나님이 보시는 탐욕이란, '세상 사람들의 삶의 방식에 영향을 받아 그들의 방식대로 살고자 하는 마음의 태도'라는 것이다. 이런 관점으로 민수기 11장 4절을 다시 보라.

그들 중에 섞여 사는 다른 인종들이 탐욕을 품으매 이스라엘 자손도
다시 울며 이르되 누가 우리에게 고기를 주어 먹게 하랴 민 11:4

이 기록이 참 재미있다. 그냥 눈에 보이는 현상만 기록한다면 뒷
부분인 "이스라엘 자손이 이르되 누가 우리에게 고기를 주어 먹게
하랴"라는 부분만 기록하면 된다. 그런데 성경은 그 이면의 뿌리를
반드시 짚고 넘어간다. 14절을 다시 보라. 그 뿌리가 무엇인가?

"그들 중에 섞여 사는 다른 인종들이 탐욕을 품으매."

바로 이 영향 때문에 그렇다는 것이다. 즉, 지금 이스라엘 백성
들이 부추도 먹고 싶고, 마늘도 먹고 싶은 것은 단순히 '먹고 싶다'
의 차원이 아니다. 다른 민족들과 섞여 살면서 그들이 탐욕을 부추
긴 것에 이스라엘 백성들이 동요되었다는 말이다. 이것을 방치하면
100퍼센트 탐욕으로 가게 되어 있다.

탐욕을 점검하는 두 가지 잣대

우리는 하나님이 정의하시는 탐욕을 구분하는 두 가지 잣대를
잊으면 안 된다. '내가 무슨 다이아를 요구하길 해? 백 평짜리 아파
트를 요구하길 해?'라고 생각하며 스스로 괜찮다고 여겨선 안 된
다. 날마다 하나님이 가르쳐주신 이 두 가지 잣대로 철저하게 점검
해야 한다.

"내 안에 하나님이 주신 것에 대해 자족하는 마음이 사라지고 있

는 것은 아닌가?"

"나는 지금 세상 사람들의 삶의 방식에 영향을 받아 거기에 마음이 움직이고 있는 것은 아닌가?"

자족하는 마음이 탐욕을 이기게 한다

진리는 심각하고 복잡한 데 있지 않다. 우리 삶 속에서 하나님께서 주신 소박한 것에 대해 자족하고 감사하는 마음이 중요하다.

그러나 자족하는 마음이 있으면 경건은 큰 이익이 되느니라 딤전 6:6

하나님이 내게 주신 내 아내, 내 남편이 마음에 들지 않아도, '도대체 내가 왜 이런 사람과 결혼했지?' 싶어도, 하나님 앞에서 하나님이 내게 주신 귀한 선물로 여기고 자족하기 바란다.

옆집 아이들은 저렇게 공부도 잘하고 말도 잘 듣는데 도대체 우리 아이들은 왜 이런가 싶더라도, 그 말썽꾸러기 아이조차 자족하며 품고 사랑할 때 그 아이는 반드시 변화된다.

이런 자족이 우리 삶에 있을 때 우리는 탐욕의 자리로 빠지지 않을 수 있는 것이다.

오늘 우리의 삶에는 이런 자족이 있는가? 우리가 잘 아는 빌립보서 4장 11,12절 말씀도 마찬가지 아닌가?

내가 궁핍하므로 말하는 것이 아니니라 어떠한 형편에든지 나는 자족하기를 배웠노니 나는 비천에 처할 줄도 알고 풍부에 처할 줄도 알아 모든 일 곧 배부름과 배고픔과 풍부와 궁핍에도 처할 줄 아는 일체의 비결을 배웠노라 빌 4:11,12

이런 자족의 삶을 살 수 있다면 얼마나 좋을까? 바울이 말한 이런 자족의 삶을 살기 원한다면 그다음 13절을 보라. 어떤 상황에서도 '자족할 수 있는 마음'을 어디에서 얻을 수 있는가?

내게 능력 주시는 자 안에서 내가 모든 것을 할 수 있느니라 빌 4:13

오직 주님이 주시는 힘으로 가능하다는 것이다. 어떤 상황에서든 탐심에 빠지지 않고 자족할 수 있는 힘은 내게서 나오는 것이 아니라 '내게 능력 주시는 자' 안에서 나온다는 것이다. 이것이 복음의 능력 아닌가?

2015년 3월에 세상을 떠난 싱가포르의 초대총리인 리콴유에 관한 기사에서 도전을 받았던 기억이 난다. 이분은 세상을 떠나기 전인 2011년에 가족에게 미리 유언을 남겼다고 한다.

"내가 죽거든 지금 사는 집을 절대 기념관으로 만들 생각을 하지 말고 헐어버리라."

자기를 드러내지 않겠다는 결연한 의지가 담긴 그의 유언이 인상

적이지 않은가? 그다음 내용은 더 감동적이다.

리콴유 총리가 허물어버리라고 한 그 집은 그가 총리에 취임하기 전부터 살았던 75년 된 낡은 집이었는데, 기자가 가보니 얼마나 낡았는지 구태여 일부러 허물지 않아도 저절로 허물어지게 생겼다는 것이다.

60년 가까이 총리를 지낸 분의 집이 이렇게 낡은 집이었다는 것은 많은 생각을 하게 만든다.

이분이 크리스천인지 아닌지는 모르겠다. 하지만 적어도 예수 믿는 우리라면 이분처럼은 아니어도 세상에 연연하는 것이 아니라 하나님이 우리에게 주신 것에 자족할 수 있는 믿음의 삶을 살아야 하지 않겠는가?

내가 중고등학생 시절에, 그러니까 70년대에 건전가요처럼 불리던 노래 하나가 오랜만에 떠올랐다. 그때 굉장히 자주 불렀던 노래다.

내가 살고 싶은 집은 작은 초가집
내가 먹고 싶은 것은 구운 옥수수
욕심 없는 나의 마음 탓하지 마라
사람들아 사람들아 워워워 워어

2절 가사를 보면 이것이 복음성가인가 착각할 정도이다. 2절은 이렇다.

내가 입고 싶은 옷은 하얀 저고리

내가 갖고 싶은 책은 작은 성경책

욕심 없는 나의 마음 탓하지 마라

사람들아 사람들아 워워워 워어

이런 가사가 대중가요로 불렸다는 것을 생각하니, 갑자기 그 시절이 그리워졌다. 오늘 우리가 잃어버린 게 바로 이것 아닌가? 오늘날 이 시대는 왜 이렇게 탐욕이 가득한 시대로 변해버렸는가? 탐욕으로 가득한 이 시대를 사는 우리다 보니 자신도 모르게 이 탐욕의 도시를 닮아가고 있는 것은 아닌지 늘 점검해야 한다.

하지만 나는 오늘도 그날그날 주님이 내려주시는 만나와 메추라기에 만족하며 사는 사람들을 많이 알고 있다. 그 분들이 진정한 복음을 살아내는 사람들이다. 왜냐하면 이런 삶을 살아내는 그들은 그것이 복음이 주는 능력임을 알기 때문이다. 우리도 우리가 믿는 복음이 내 안의 탐심을 죽이고 강력한 진을 파하는 능력이 되어 "사람들아, 사람들아, 이 욕심 없는 내 마음 탓하지 마라"라고 고백할 수 있어야 하지 않겠는가?

우리가 하나님 앞에 다 이렇게 기도할 수 있으면 좋겠다.

"하나님 아버지, 제가 복음의 능력을 믿습니다. 복음은 눈에 보이는 어떤 강한 원수라도 물리치는 도구이지만, 동시에 내 안에 제어할 수 없는 마음, 어떻게 해서라도 나를 섬기고 나를 위하고자 하는 탐심을 파하는 강력한 능력이 되는 줄 믿습니다."

이렇게 기도할 때 복음이 능력이 되어 내 안의 탐심을 깨뜨리는 역사가 일어날 줄 믿는다.

우리의 탐심은 이미 십자가에 못을 박았다! 이 사실을 믿음으로 나아가자. 그럴 때 성령께서 성령으로 행할 수 있도록 도와주실 것이다.

4

PART

복음이
대 안
이 다

로마서 1장 24-32절

24 그러므로 하나님께서 그들을 마음의 정욕대로 더러움에 내버려두사 그들의 몸을 서로 욕되게 하게 하셨으니 25 이는 그들이 하나님의 진리를 거짓 것으로 바꾸어 피조물을 조물주보다 더 경배하고 섬김이라 주는 곧 영원히 찬송할 이시로다 아멘 26 이 때문에 하나님께서 그들을 부끄러운 욕심에 내버려두셨으니 곧 그들의 여자들도 순리대로 쓸 것을 바꾸어 역리로 쓰며 27 그와 같이 남자들도 순리대로 여자 쓰기를 버리고 서로 향하여 음욕이 불 일듯 하매 남자가 남자와 더불어 부끄러운 일을 행하여 그들의 그릇됨에 상당한 보응을 그들 자신이 받았느니라 28 또한 그들이 마음에 하나님 두기를 싫어하매 하나님께서 그들을 그 상실한 마음대로 내버려두사 합당하지 못한 일을 하게 하셨으니 29 곧 모든 불의, 추악, 탐욕, 악의가 가득한 자요 시기, 살인, 분쟁, 사기, 악독이 가득한 자요 수군수군하는 자요 30 비방하는 자요 하나님께서 미워하시는 자요 능욕하는 자요 교만한 자요 자랑하는 자요 악을 도모하는 자요 부모를 거역하는 자요 31 우매한 자요 배약하는 자요 무정한 자요 무자비한 자라 32 그들이 이 같은 일을 행하는 자는 사형에 해당한다고 하나님께서 정하심을 알고도 자기들만 행할 뿐 아니라 또한 그런 일을 행하는 자들을 옳다 하느니라

복음을 자랑스러워하는 것

로마서는 그 본론이 하나님의 진노에 관한 말씀으로 시작된다는 말을 몇 번이나 강조했다.

하나님의 진노가 불의로 진리를 막는 사람들의 모든 경건하지 않음 과 불의에 대하여 하늘로부터 나타나나니 롬 1:18

이미 살펴본 대로 하나님은 두 가지 이유로 진노하시는데, 첫째 로 모든 경건하지 않음, 즉 인간의 불경건 때문에 진노하신다. 둘째 로 인간의 불의 때문에 진노하신다.

'불경건'은 마음의 상태를 말하는데, '하나님을 인정하지 않는 태 도' 혹은 '하나님으로부터 독립하여 제 마음대로 살고자 하는 마음의 태도'이다. 또한 '불의'는 이런 마음의 태도에서 나오는 악한 행동들, 즉 악한 열매들이라고 했다. 이렇게 하나님은 하나님을 인정하지 않는 마음의 태도인 불경건과 또 그런 마음의 태도가 낳는 악한 행동인 불의에 대하여 분노하고 계신다.

이제 이 장에서는, 복음을 받기 이전의 우리의 상태가 이런 불경건과 불의라는 죄로 말미암아 얼마나 심각한 상태였는지, 그리고 그것을 보시는 하나님의 진노가 얼마나 크신지에 대해 살펴보려고 한다.

내버려두사, 내버려두사, 내버려두사

본문을 보면, 바울이 하나님 진노의 양상을 세 번에 걸친 '내버려두사'라는 표현으로 강조하고 있음을 알 수 있다.

먼저 로마서 1장 24절이다.

그러므로 하나님께서 그들을 마음의 정욕대로 더러움에 내버려두사… 롬 1:24

여기 나오는 '정욕'은 원어로 보면 '에피튀미아'라는 단어인데, 이 단어는 양면적인 의미를 갖고 있다. 이 단어가 긍정적으로 쓰이면 '열정, 소원'이라는 뜻이고, 부정적으로 쓰이면 '성적인 타락 차원에서의 정욕'이라는 뜻이 된다. 사실 불륜에 빠져서 죄짓는 사람들을 보면 열정이 대단하다는 생각을 한다. 열정 없이 그런 일이 가능하겠는가? 이처럼 긍정적인 뜻으로도, 부정적인 뜻으로도 쓰일 수 있는 이중적인 단어가 '에피튀미아'라는 단어인데, 본문에서는 '에피튀미아'라는 단어가 성적인 정욕뿐 아니라 금지된 것을 탐하는 마음의 태도라는 부정적인 뜻으로 쓰이고 있다.

두 번째로 나오는 '내버려두사'는 26절이다.

> 이 때문에 하나님께서 그들을 부끄러운 욕심에 내버려두셨으니…
>
> 롬 1:26

하나님은 인간을 '부끄러운 욕심'에 내버려두셨다. '부끄러운 욕심'을 영어 성경 NIV로 찾아보니 'shameful lusts'라고 되어 있다. 'lust'라는 단어의 사전적 의미는 '애정이 동반되지 않은 강한 성욕'을 뜻한다. 본문은 여기다 'shameful'이란 수식어를 넣어 '부끄러운 욕심'이라고 표현하고 있다. 원래 하나님은 '성'(性)이라는 것을 부부간에 사랑과 애정을 동반한 시스템으로 주셨는데, 타락한 인간은 사랑과 애정은 다 빼버리고 그저 육체적으로 일어나는 충동에만 매여 사는 인생으로 변질되더라는 것이다.

세 번째로 나오는 '내버려두사'는 28절에 나온다.

> 또한 그들이 마음에 하나님 두기를 싫어하매 하나님께서 그들을 그 상실한 마음대로 내버려두사… 롬 1:28

하나님은 인간을 '상실한 마음대로' 내버려두셨다. 여기 나오는 "상실한 마음대로 내버려두사"를 원문 그대로 직역하면 이렇다.

"분별력을 잃게 하셔서 부적절한 일을 하게 하셨습니다."

'상실한 마음'이 무엇인가? 요즘으로 치면 인간성 파괴이다. 인간성이 파괴되어 인간이 가지고 있는 희로애락의 감정이 병들어버린 상태, 그래서 그 생각과 느낌이 정상적이지 않은 상태를 말한다.

참 가슴 아프게도 나는 우리나라에서 자라는 어린 아이들, 중고등학생들을 보면서 이 '상실한 마음'을 느낀다. 그들의 표정과 눈빛에 희로애락의 감정이 나타나지 않는다.

바꾸었느니라, 바꾸었느니라, 바꾸었느니라

이렇게 바울은 '내버려두사', '내버려두사', '내버려두사'로 세 번에 걸쳐서 반복하고 있는데, 로마서 1장의 구조가 참 재미있다. '내버려두사'처럼 세 번에 걸쳐 나오는 또 다른 표현이 있기 때문이다. 그것은 '바꾸었느니라'라는 표현이다. 23절을 보자.

썩어지지 아니하는 하나님의 영광을 썩어질 사람과 새와 짐승과 기어 다니는 동물 모양의 우상으로 바꾸었느니라 롬 1:23

누가 바꾸었는가? 타락한 인간들이 바꾸어버렸다. 두 번째로 나오는 25절을 보라.

이는 그들이 하나님의 진리를 거짓 것으로 바꾸어 피조물을 조물주보다 더 경배하고 섬김이라 롬 1:25

누가 이렇게 바꾸어버렸는가? 역시 타락한 인간들이 바꾸었다. 한 번 더 같은 표현이 나오는데, 26절이다.

이 때문에 하나님께서 그들을 부끄러운 욕심에 내버려두셨으니 곧 그들의 여자들도 순리대로 쓸 것을 바꾸어 역리로 쓰며 롬 1:26

누가 이렇게 바꾸었는가? 이것 역시 타락한 인간들이다.

로마서 1장의 구조가 흥미로운 것이, 세 번에 걸쳐 인간 타락의 양상이 '바꾸었느니라, 바꾸었느니라, 바꾸었느니라'로 나타나고, 그다음 동전의 양면처럼 하나님의 측면에서 세 번에 걸친 '내버려두사, 내버려두사, 내버려두사'라고 표현되는 것이다.

나와 무슨 상관이 있습니까?

나는 로마서 1장에서 교차되는 '바꾸었느니라'와 '내버려두사'라는 표현을 묵상하다가, 문득 마가복음 1장 24절에 나오는 마귀의 항변이 생각났다. 마귀는 주님께 이렇게 항변한다.

나사렛 예수여 우리가 당신과 무슨 상관이 있나이까 우리를 멸하러

왔나이까 나는 당신이 누구인 줄 아노니 하나님의 거룩한 자니이다

막 1:24

마귀가 주님께 하는 항변이 무엇인가? 상관하지 말고 내버려두라는 것이다. 오늘 이 땅에서 돌아가는 수많은 일들을 보면 그 마음에 하나님 두기를 싫어하는 인간들의 불경건의 출처가 바로 이 마귀의 항변에서 기인하고 있음을 알 수 있다.

나는 마귀가 주님을 향하여 자기를 내버려두라고 항변하는 모습을 보면서 사춘기 시절의 우리 집 아이들 모습이 떠올랐다. 사춘기 아이들의 공통된 항변이 무엇인가? 자기를 "간섭하지 말고 내버려두라"는 것이다. 이 아이들이 참 철이 없는 것이, 만약 그 부모가 자기들의 요구대로 진짜로 내버려둔다면 어떻게 될지는 생각하지 못한다.

"그래 알았다. 오늘 이후로 다시는 너에게 상관하지 않으마. 네 마음대로 해라."

이 말이 자기 부모에게 들을 수 있는 가장 저주스러운 말이라는 것을 모른다. 진짜 이 말대로 한다면 큰일 날 이야기 아닌가? 아이들 입장에서 다행인 것은, 어떤 부모도 화난다고 "앞으로는 절대로 상관하지 않고 내버려두겠다"라고 하지 않는다는 것이다. 물론 홧김에 "네 마음대로 해!"라고 말하는 경우는 있지만, 이것은 열 받아서 하는 이야기지 본심이 아니다. 어느 부모가 자기 자식을 내버려

두겠는가?

그런데 만약 이런 경우라면 어떻게 되는가? 2015년에 부모 몰래 터키 국경을 넘어가 무장단체 IS로 가버린 김 군의 경우라면 말이다. 아무리 부모가 상관하고 내버려두지 않으려고 해도 그 부모의 영역을 떠나버린 아이에 대해서는 더 이상 부모가 어떤 손도 쓸 수 없다.

내가 왜 본문에서 세 번이나 번갈아 반복되는 '바꾸었느니라'와 '내버려두사'라는 표현을 묵상하다가 무장단체 IS로 가버린 그 철없는 고등학생이 떠올랐는가 하면, 하나님을 향하여 "우리가 당신과 무슨 상관이 있나이까?"라고 항변하는 이 시대가 딱 이것과 비슷하다는 생각이 들었기 때문이다.

자식이 아무리 못된 짓을 저지르고 부모 가슴에 대못을 박아도 그 아이가 부모의 영역 아래 있는 한 '내버려두사'는 없다. 중요한 것은 오늘 이 세상이 부모의 영역을 벗어나 IS라고 하는 무장단체로 들어가버린 그 아이와 같은 상황이라는 것이다.

하나님을 떠난 이 시대의 상태

자, 그런데 중요한 것은 지금 이 세상이, 하나님 곁을 떠나 주님을 향하여 "우리가 당신과 무슨 상관이 있나이까?"라고 항변하는 악한 세력의 세계로 들어가버린 이 세상이 어떤 양상으로 치닫고 있느냐 하는 것이다.

우리가 몸담고 사는 세상이니 지금 어떤 상황인지는 뉴스만 잠깐 봐도 다들 알지 않은가? 너무나 혼미한 시대에 혼란에 빠져서 정신을 놓고 사는 사람들이 점점 더 급증하고 있는 시대 아닌가?

수많은 사람들이 불면증과 우울증에 시달리고 있고, 그 마음의 공허함을 이기지 못해 극단적인 선택을 하는 경우도 부지기수다. 또 자기 내면의 분노를 이기지 못하고 무차별로 사람을 공격한다거나 얼마 전 예비군 사격 훈련장에서 있었던 총기 난사 사건 같은 끔찍한 사고도 빈번하게 일어나고 있다. 너무나 가슴 아픈 현실이 아닐 수 없다. 이것이 부모 곁을 떠나 무장단체 IS로 가버린 김 군처럼 우리가 하나님의 영역을 떠난 이후에 나타나는 현상 아닐까?

그런가 하면 성경은 이 시대를 어떻게 특징짓는가? 24절을 보라.

그러므로 하나님께서 그들을 마음의 정욕대로 더러움에 내버려두사 그들의 몸을 서로 욕되게 하게 하셨으니 롬 1:24

여기 나오는 '욕되게 하다'라는 표현을 총신대 이한수 교수가 이렇게 풀이하는 책을 봤다. '상대방을 인격적으로 존중하는 마음이 없이 탐욕의 대상으로만 다루는 행위', 이것이 '욕되게 하다'라는 것이다.

이게 지금 오늘 이 시대의 양상 아닌가? 그 사람의 인격을 하나님의 형상을 닮은 인격으로 존중해주고 귀히 여겨서 다가가는 게 아니라, 어떻게 해서든 이용하려고, 가정이 있든 없든 성적인 대상으로 삼아서 자기의 성적인 쾌락을 채우려고 하는 오늘 이 시대가 '서로 욕되게 하다'가 드러나고 있는 시대의 모습이다.

내가 가슴이 아픈 것은 이런 세상의 풍조가 교회 안에도 흘러들어와, 교회에서 만난 성도라도 절대로 믿으면 안 되는 세상이 되어버렸다는 것이다. 무슨 의도로 이 사람이 내게 다가오는지 알 수 없는 세상이다.

교회 안에서 겪은 성적인 문제나 사건 때문에 상담이나 기도를 요청하는 일들이 간혹 있다. 메일이나 손편지를 통해 전해오는 내용들은 내 가슴을 아프게 한다. 교회에서 만난 이성에 대해 방심하다가 성적으로 당하거나 죄를 짓는 경우가 아직도 일어나고 있는 현실이 마음 아프다.

그래서 나는 주일학교 교사들을 보면 불안하다. 아이들을 가르치는 것까지는 좋은데, 교사들끼리 단합대회를 하겠다고 늦게까지 몰려다니는 것이 불안하게 느껴질 때가 있다. 물론 교사들끼리 마음을 모으고 단합해야 한다. 하지만 남자와 여자가 함께하는 사이에 사탄이 '욕되게 하다'의 유혹으로 찾아올 위험이 너무 많은 세상이기에 불안한 것이다.

성가대를 봐도 위태위태하다. 저 아름다운 남녀가 매주일 만나서 아름다운 찬양으로 함께하다 보면 마음이 뜨거워지기도 할 텐데, 거기에 사탄이 '서로를 욕되게 하다'로 다가오면 무슨 일이 일어나겠는가? 괜한 기우가 아니다. 현실적으로 이런 무서운 일들이 일어나고 있다. 우리는 이것을 두려워해야 한다.

그래서 우리 교회의 소그룹 모임은 남자는 남자끼리, 여자는 여자끼리 진행하게 했는데, 얼마 전부터 부부 다락방이 만들어져 잘 진행이 되고 있다. 그런데도 내 안에는 여전히 근심하며 기도하는 부분이 있다. 하나님께서 아름다운 부부 다락방에 대해 남성, 여성의 개인이 아니라 서로가 하나님의 형상을 닮은 아름다운 인격으로 가정을 세워나가라는 비전을 주셨지만, 사탄이 '욕되게 하사'로 유혹하면 너무나 불미스러운 일들이 일어날 위험이 있기 때문이다.

그렇기 때문에 우리가 더욱 깨어 기도하며 조심해야 한다. 사탄은 언제 어디서 우리에게 '욕되게 하사'로 불쑥 치고 들어올지 모른다. 교회에서 어떤 이성이 지나치게 친절하게 다가오면 경계부터 하라. 이제는 교회 오빠라고 해서, 심지어는 교역자라고 해서 타이틀만 가지고 믿을 수 있는 시대가 아니다. 이런 이야기를 하는 것이 가슴 아프지만, 우리가 이런 시대를 살고 있으니 조심해야 할 것은 조심해야 한다.

나도 나를 믿을 수 없다. 그렇기 때문에 날마다 살얼음판 걷듯이 조심하는 것 아니겠는가? 인간은 믿음의 대상이 아니라 긍휼의 대상이다. 그러므로 더욱 조심해야 한다.

왜 이런 슬픈 메시지를 나눠야 하는가? 로마서 1장 28절에 나오는 '상실한 마음' 때문이다. 인간이 가지고 있는 희로애락의 감정을 잃어버렸기 때문이다.

그런가 하면 어른들의 타락과 변질로 우리 어린아이들의 정신세계까지도 무너지고 있는 현실이다. 몇 년 전에 열 살짜리 꼬맹이가 쓴 잔혹 시(詩)가 인터넷에 공개되면서 발칵 뒤집힌 적이 있다. 그 시의 제목이 '학원가기 싫은 날'이다. 내용이 너무 끔찍한 것 같긴 하지만 한번 인용해보겠다.

학원에 가고 싶지 않을 땐 / 이렇게 / 엄마를 씹어 먹어
삶아 먹고 구워 먹어 / 눈깔을 파먹어
이빨을 다 뽑아버려 / 머리채를 쥐어뜯어
살코기로 만들어 떠먹어 / 눈물을 흘리면 핥아 먹어
심장은 맨 마지막에 먹어 / 가장 고통스럽게

내용도 열 살짜리 아이가 썼다고는 믿기지 않을 정도로 상상을 초월하지만, 이 시를 엮어서 동시집을 냈다고 하는 그 현실을 어떻게 설명해야 할지 모르겠다. 더 충격을 받은 것은 시와 함께 담긴 삽화 때문이었다. 엄마로 추정되는 한 여자가 쓰러져 있고, 그 옆에 입가에 피를 흘리며 심장을 먹고 있는 또 다른 여자의 그림이 그려져 있었다. 이것이 동시집에 담길 그림인가? 슬프게도 이것이 지금 우리의 현실이다.

나는 이 시의 제목이 '학원가기 싫은 날'이라는 것이 너무 슬프다.

어린아이가 학원에 가는 것이 얼마나 끔찍하게 싫었으면 이런 시를 썼겠는가? 이것이 지금 '상실한 마음', 인간의 감정이 병들어 있다는 증거 아닌가?

철없는 고등학생이 부모 품을 떠나 그 끔찍한 무장단체 IS로 가버린 것과 같은 이런 영적인 현실이 낳은 결과물을 보라. 로마서 2장 5절이다.

> 다만 네 고집과 회개하지 아니한 마음을 따라 진노의 날 곧 하나님의 의로우신 심판이 나타나는 그날에 임할 진노를 네게 쌓는도다
>
> 롬 2:5

이 말씀이 오늘 우리 시대를 딱 정확하게 표현하고 있지 않은가? 지금 이 시대는 '하나님의 진노가 쌓여가는 시대'이다.

이 시대를 살아가는 우리의 대안

그러면 이런 문제제기 앞에서 우리가 무엇을 어떻게 해야 하는가? 우리는 다 이 땅에 발을 딛고 살아갈 수밖에 없는데, 대안은 무엇인가? 나는 이 질문에 대한 대답, 오늘 이 시대의 대안이 바로 로마서 1장 16절이라고 확신한다.

내가 복음을 부끄러워하지 아니하노니 이 복음은 모든 믿는 자에게

구원을 주시는 하나님의 능력이 됨이라 **롬** 1:16

여기서 바울은 '복음을 부끄러워하지 아니한다'라는 이중 부정의 표현으로 '나는 복음을 자랑스럽게 여긴다'는 것을 강조하고 있는데, 바울은 왜 그렇게 복음을 자랑스럽게 여긴다고 말하는가? 복음은 하나님의 능력이기 때문이다. 어떤 능력인가? 17절에서 이렇게 설명한다.

복음에는 하나님의 의가 나타나서 믿음으로 믿음에 이르게 하나니 기록된 바 오직 의인은 믿음으로 말미암아 살리라 함과 같으니라

롬 1:17

복음에는 하나님의 의가 나타나는데, 그 하나님의 의가 어디서 작동하는가? 우리 힘으로 끊을 수 없는 세 번에 걸친 '바꾸었느니라'와 '내버려두사'의 무서운 악순환의 고리를 끊어버리는 하나님의 능력이라는 것이다.

그래서 바울은 '나는 복음이 자랑스럽다'라고 강조하는 것이다. 이론으로 전하는 것이 아니다. 그토록 포악했던 자신을 주님이 다메섹 도상에서 만나주셔서 자기 인생이 어떻게 변화됐는지를 삶으로 드러내고 있는 것이다.

혼돈과 공허와 흑암에서 빛을 창조하신 하나님

이런 관점에서 본문을 묵상하다가 창세기 1장 말씀이 떠올랐다. 하나님의 창조 기사를 다루고 있는 창세기가 어떻게 시작하고 어떻게 전개되는지 그 구조를 생각하면서 창세기 1장 1-3절을 한번 보자. 1절에는 선포가 있다.

> 태초에 하나님이 천지를 창조하시니라 창 1:1

이렇게 선포가 있고 나서 하나님의 역사가 일어나기 이전의 상태를 이렇게 표현한다. 2절을 보라.

> 땅이 혼돈하고 공허하며 흑암이 깊음 위에 있고 하나님의 영은 수면 위에 운행하시니라 하나님이 이르시되 빛이 있으라 하시니 빛이 있었고 창 1:2,3

여기보면 창조 이전에 상태를 혼돈과 공허와 흑암, 이렇게 세 가지로 규정하고 있는데, 창세기 1장을 제대로 읽으려면 예레미야서 4장의 말씀과 함께 읽으면 좋다. 그러면 창조 기사에 대한 우리의 생각이 확장될 것이라고 믿는다. 예레미야서 4장 22절을 보라.

> 내 백성은 나를 알지 못하는 어리석은 자요 지각이 없는 미련한 자식

이라 악을 행하기에는 지각이 있으나 선을 행하기에는 무지하도다

렘 4:22

이 말씀은 지금 그 마음에 하나님 두기를 싫어하는 변질된 인간의 상태를 묘사한 것 아닌가? 그런데 변질된 인간의 상태를 묘사하는 이 말씀 바로 다음절인 23절을 한번 주의해서 보라.

보라 내가 땅을 본즉 혼돈하고 공허하며 하늘에는 빛이 없으며

렘 4:23

한글 성경으로 봐도 창세기 1장의 구조와 비슷하지 않은가? 원어로 보면 비슷한 게 아니고 정확히 그 단어이다. 창세기 1장 2절의 '땅이 혼돈하고 공허하며'라고 할 때 '혼돈'이라는 단어가 원어로 '토후'인데, 예레미야서 4장 23절에서 인간의 상태를 설명하는 '혼돈'도 같은 단어인 '토후'를 쓰고 있다. 그다음에 나오는 '공허'라는 단어는 창세기 1장 2절에서 '보후'라는 단어인데, 지금 예레미야서 4장 23절에 '공허'라는 단어도 같은 단어인 '보후'이다. 느낌이 오지 않는가? 맞다. 지금 예레미야가 인간의 타락 양상을 기록하면서 창세기 1장에서 사용된 단어와 같은 단어를 사용하고 있는 것이다.

　내가 이것을 깨닫고 나서 발견한 중요한 포인트가 하나 있다. 우주가 혼돈과 공허와 흑암의 상태에 있을 때 빛을 창조하신 하나님

께서 우리 개인의 삶에도 그렇게 역사하실 것이라는 기대감을 갖고 창세기를 읽어야 한다는 것이다.

창세기는 언제, 누가 썼는가? 알려지기로 창세기는 이스라엘 백성들이 홍해를 건너 가나안이라는 목적지를 향해 나아가는 광야의 여정 중에 모세가 썼다. 생각해보라. 광야 길의 특징이 무엇인가? 우선 딱 떠오르는 이미지는 '고난'이다. 그리고 광야 길의 또 다른 특징은 '미래에 대한 불확실성'이다. 오늘은 이곳, 내일은 저곳을 배회하느라 내 인생이 어떻게 펼쳐질지 불확실한 곳이 광야이다.

그런 광야 길을 걷던 이스라엘 백성들의 상황을 한마디로 설명한다면 그야말로 '혼돈과 공허와 흑암'의 여정 아닌가? 하나님께서는 이런 여정 중에 있는 인생들에게 창세기 말씀을 들려주기 원하신다.

땅이 혼돈하고 공허하며 흑암이 깊음 위에 있고 하나님의 영은 수면 위에 운행하시니라 하나님이 이르시되 빛이 있으라 하시니 빛이 있었고 창 1:2,3

만약에 혼란한 광야 길을 걷던 이스라엘 백성들이 모세가 쓴 이 창세기를 읽게 된다면 무슨 생각이 들까?

'오늘 내가 한 치 앞을 모르는 광야 길의 혼돈과 공허와 흑암의 상태에 빠져 있다 할지라도, 내 인생에 하나님의 영이 수면 위로 운행하시는 그 은혜로 내게 다가오신다면 나도 빛이 있는 인생이 될

수 있겠구나!'

바로 이것이 창세기이다. 나는 오늘 우리 시대를 '신(新) 광야 시대'라고 명명하기를 원한다. 너무나 많은 현대인들이 어떻게든 살아보겠다고 하나님 없이 안간힘을 쓰다가 혼미한 상태에 빠져 있는 시대이다. 정말 우리 시대는 혼돈과 공허와 흑암의 시대이다. 따라서 우리는 꼭 기억해야 한다. 아무리 혼돈과 공허와 흑암에 빠져 버린 인생이라 할지라도 우리 삶에 '하나님의 영이 수면 위에 운행하시는' 영적인 질서가 회복된다면 그 혼란한 삶은 마감될 수 있다.

요한복음 1장 9절에 보면 빛으로 오신 예수님을 이렇게 묘사하고 있다.

참 빛 곧 세상에 와서 각 사람에게 비추는 빛이 있었나니 요 1:9

주님 없이 살아가던 내 인생은 분명히 혼돈이었는데, 주님 없이 살아가는 내 인생은 분명히 공허였는데, 주님 없이 살아가는 내 인생은 분명히 어두움이었는데 주님이 빛으로 찾아오신 것이다.

이 말씀을 묵상하는데, 찬양 하나가 내 마음을 뜨겁게 했다.

주님 밝은 빛 되사 어둠 헤치니 나의 모든 것 다 변했네
지금 내가 주 앞에 온전케 됨은 주의 공로를 의지함일세
나의 모든 것 변하고 그 피로 구속 받았네

하나님은 나의 구원 되시오니 내게 정죄함 없겠네

젊은 시절, 혼미했던 내 인생에 주님이 빛으로 찾아오셨다. 그리고 그 놀라운 사건을 경험한 이후로 내 인생은 변화되었다. 머리부터 발끝까지 다 바뀌었다. 이것이 내가 경험한 복음의 능력이다.

그래서 나도 '다메섹 도상에서 만난 주님, 복음 되신 그 주님이 나를 살렸다. 그래서 나는 복음을 자랑한다'라고 외치는 바울처럼 감격적으로 외치기를 원한다.

내 인생의 혼돈이 주님 만나는 통로가 되다

그런데 내가 창세기 1장과 예레미야서 4장 말씀을 묵상하면서 더욱 큰 은혜를 받은 부분이 있다. 어떤 학자들은 천지창조와 관련해서 혼돈과 공허가 하나님께서 천지를 창조하실 때 사용하시던 재료였다고 주장한다. 하지만 우리는 그것을 수용하기가 어렵다. 왜냐하면 기독교 역사는, 하나님의 창조는 무(無)에서 유(有)를 만드는 창조라고 믿기 때문이다.

그런데 이것을 나의 삶에 적용해보니, 주님은 내가 이십 대 때 시카고에서 흘렸던 눈물과 낙심과 좌절, 혼돈과 공허와 흑암을 재료로 하여 주님을 만나는 통로로 사용하셨다. 이것을 깨닫고 나니 내 마음이 너무나 뜨거워졌다.

나는 미국 시카고에 방문하게 되면 어려웠던 그 시절 내가 살던 집을 꼭 찾아간다. 한 달 렌트비 265불짜리 원룸, 당시 100년 된 목조 건물이었으니 지금은 한 130년쯤 됐다. 차를 빌려 그 낡은 집을 찾아가 동네 한편에 차를 세워놓고 꼭 동네 한 바퀴를 둘러본다. 내가 그렇게 하는 이유가 무엇일까? 이십 대 초반의 그 집과 그 거리는 나에게 혼돈이었고 낙심이었는데, 하나님께서 그 혼돈과 혼란과 흑암을 재료로 사용하셔서 빛 되신 주님을 만나는 도구로 써 주셨으니, 그것이 이제는 내게 면류관이 된 것이다. 그것을 기억하기 위해 꼭 그곳을 찾는다.

세상 사람들은 과거에 고생했던 기억은 잊어버리라고 한다.

"이십 대 때 겪었던 고생은 다 잊어버려. 지금 잘 살고 있잖아."

하지만 하나님을 믿는 우리는 그 시절을 잊을 수 없다. 왜냐하면 하나님이 그 시절의 고난과 고생을 사용하셨기 때문이다. 어둡고 눈물 나던 그 시절의 고난이 우리에게 면류관이 되었기 때문이다.

무슨 일로 그렇게 힘들어 하는가? 이십 대 때의 내가 그랬던 것처럼 지금 혹시 말로 다할 수 없는 혼돈과 혼란과 낙심 속에 살아가고 있다면, 꼭 기억하라. 오늘의 아픔과 혼란이 재료가 되어 빛 되신 주님을 만나는 도구로 쓰일 것이다.

바울은 고린도후서 5장 17절에서 이렇게 말한다.

그런즉 누구든지 그리스도 안에 있으면 새로운 피조물이라 이전 것은 지나갔으니 보라 새것이 되었도다 고후 5:17

또 그가 고린도후서 4장 6절에서 선포한다.

어두운 데에 빛이 비치라 말씀하셨던 그 하나님께서 예수 그리스도
의 얼굴에 있는 하나님의 영광을 아는 빛을 우리 마음에 비추셨느니
라 고후 4:6

어두움이었고, 포악했고, 잔인했고, 울분과 분노가 많았던 바울
을 빛 되신 주님이 다메섹 도상에서 만나주시어 그 마음에 하나님의
빛을 비춰주셨기 때문에 그의 삶이 이렇게 변화되었다. 그래서 "내
가 복음을 자랑스러워한다"라고 고백할 수 있게 된 것이다.

고린도후서 4장 6절에서 빛 되신 주님을 선포한 바울은 어떻게
말씀을 이어가는가?

우리가 이 보배를 질그릇에 가졌으니 이는 심히 큰 능력은 하나님께
있고 우리에게 있지 아니함을 알게 하려 함이라 우리가 사방으로 욱
여쌈을 당하여도 싸이지 아니하며 답답한 일을 당하여도 낙심하지
아니하며 박해를 받아도 버린 바 되지 아니하며 거꾸러뜨림을 당하
여도 망하지 아니하고 고후 4:7-9

왜 바울은 사방으로 욱여쌈을 당하는 그 절망적인 상황에서도
낙심하지 않는가? 왜 바울은 그 답답한 일 속에서도 낙심하지 않

는가? 그가 경험한 것이 있기 때문이다. 사방으로 욱여쌈을 당하는 그 상황이, 낙심할 수밖에 없는 그 상황이 재료가 되어 주님을 만나는 통로가 될 수 있다는 것을 알기 때문이다.

우리도 언젠가 바울처럼 고백하는 날이 오기를 갈망한다. 내가 겪고 있는 현실의 아픔이 주님을 만나는 도구가 되고 재료가 될 줄 믿는다.

그리고 부연하여 한 가지 당부를 드린다. '내버려두사'의 상태, 변질된 자리, 상상하기 어려운 죄 된 자리에 가 있는 사람이 있다면 꼭 기억하라. 우리의 힘으로는 그 악한 영역의 자리에서 빠져나올 수 없다. 하지만 빛 되신 주님, 그 주님이 베푸시는 복음의 능력을 믿는다. 성령께서 우리를 그 복음 앞으로 인도해주실 것이다.

허무한 시절 지날 때 깊은 한숨 내쉴 때
그런 풍경 보시며 탄식하는 분 있네
고아같이 너희를 버려두지 않으리
내가 너희와 영원히 함께하리라

이 찬양의 가사가 '내버려두사'와 대치되는 말씀 아닌가? 이 가사의 고백대로 혼미하고 어두운 내 삶과 내 자녀들의 삶 속에 그 아픔이 재료가 되어 빛 되신 주님을 만나게 되기를 바란다.

로마서 1장 24-28절

24 그러므로 하나님께서 그들을 마음의 정욕대로 더러움에 내버려두사 그들의 몸을 서로 욕되게 하게 하셨으니 25 이는 그들이 하나님의 진리를 거짓 것으로 바꾸어 피조물을 조물주보다 더 경배하고 섬김이라 주는 곧 영원히 찬송할 이시로다 아멘 26 이 때문에 하나님께서 그들을 부끄러운 욕심에 내버려두셨으니 곧 그들의 여자들도 순리대로 쓸 것을 바꾸어 역리로 쓰며 27 그와 같이 남자들도 순리대로 여자 쓰기를 버리고 서로 향하여 음욕이 불 일듯 하매 남자가 남자와 더불어 부끄러운 일을 행하여 그들의 그릇됨에 상당한 보응을 그들 자신이 받았느니라 28 또한 그들이 마음에 하나님 두기를 싫어하매 하나님께서 그들을 그 상실한 마음대로 내버려두사 합당하지 못한 일을 하게 하셨으니

12
chapter

나 다시 돌아갈래

앞 장에서 살펴본 것처럼 로마서 1장 하반부는 세 번에 걸쳐 '바꾸었느니라, 내버려두사'라는 표현이 반복되면서, 죄악의 고리를 끊지 못하는 인간 타락의 악순환을 설명하는 것이라고 했다. 반복되는 이 표현들을 보자니, 히브리서 12장 8절 말씀이 생각났다.

징계는 다 받는 것이거늘 너희에게 없으면 사생자요 친아들이 아니니라 히 12:8

신명기 8장 5절에도 비슷한 내용이 나온다.

너는 사람이 그 아들을 징계함같이 네 하나님 여호와께서 너를 징계

하시는 줄 마음에 생각하고 _{신 8:5} 신 8:5

이런 말씀들을 통해 자각해야 하는 것이 하나 있다. 우리가 잘못된 길을 가고 있는데도 아무런 고통도, 가책도, 징계도 없는 '내버려 두사'의 상태가 가장 무서운 저주요, 징계라는 사실이다.

하나님의 징계가 축복이다

구약의 요나가 바로 그런 경우이다. 요나서 1장 3절을 보라.

그러나 요나가 여호와의 얼굴을 피하려고 일어나 다시스로 도망하려 하여 욥바로 내려갔더니 마침 다시스로 가는 배를 만난지라 여호와의 얼굴을 피하여 그들과 함께 다시스로 가려고 뱃삯을 주고 배에 올랐더라 _{요 1:3} 요 1:3

지금 어떤 상황인가? 하나님께서 요나에게 사명을 주셔서 "니느웨로 가라"고 명령하셨는데, 요나가 그 명령에 정면으로 반발하면서 "전 못 가겠습니다" 하고는 다시스로 도망하는 장면이다.

지도에서 보면 다시스는 하나님이 가라고 명하신 니느웨와 정반대 방향이다. 또 이 말씀에 보면 '여호와의 얼굴을 피하여'라는 표현이 두 번이나 반복해서 나오고 있다.

어쩌다 실수로 불순종하게 된 것이 아니라 작심하고 하나님께

반기를 들며 불순종하는 상황인 것이다. 그런데 공교롭게도 요나가 이렇게 하나님께 불순종하여 반기를 드는 상황인데 일이 술술 잘 풀려가는 것이다.

"마침 다시스로 가는 배를 만난지라."

이런 상황이니 요나가 어떤 생각을 했겠는가?

'아니, 하나님께 반발해도 일이 되네. 불순종해도 이렇게 일이 딱딱 풀리는구나!'

그런가 하면, 바로 다음에 나오는 요나서 1장 4절을 보라. 정반대의 상황이 펼쳐진다.

여호와께서 큰 바람을 바다 위에 내리시매 바다 가운데에 큰 폭풍이 일어나 배가 거의 깨지게 된지라 요 1:4

배에 올라타 있는 입장에서 이것보다 더 큰 절망이 있겠는가? 요나는 지금 풍랑을 만나 목숨을 보장할 수 없는 큰 위기에 빠졌다.

나는 종종 요나가 경험한 상반된 이 두 사건을 머리에 떠올린다. 겉으로 보기에 '마침 다시스로 가는 배를 만난 것'은 요나에게 너무나 큰 행운이었고, 세상 말로 '재수 좋은 날'이었다. 하지만 영안을 열고 되돌아보니, 일이 잘 풀리는 듯했던 '마침 다시스로 가는 배를 만난 상황'은 요나를 더 큰 타락과 변질의 길로 이끄는 무서운 흉기 같은 상황이었다.

여기에 반해 4절에서 요나가 풍랑을 만난 것은 방금까지만 해도 '마침 다시스로 가는 배'를 만나서 기분이 좋았던 요나를 별안간에 고통으로 몰고 가는 아주 고약한 고난으로 보인다. 그러나 영안을 열고 이 사건을 되돌아보면, 죽을 고생 하게 만들었던 그 풍랑은 요나가 더 큰 타락의 길로 가는 것을 막아주는, 변장하고 찾아온 하나님의 축복이더라는 것이다. 이 사실을 잊어서는 안 된다.

우리의 문제는 무엇인가? 영안이 어두워져서 겉으로 보이는 것밖에는 보지 못한다는 것이다. 그러다보니 그저 마침 다시스로 가는 배를 만나면 대박이고, 풍랑이 오면 재수 없는 일로 치부해버린다는 사실이다. 이것이 큰 문제 아닌가? 그러므로 우리는 우리가 경험하는 사건들을 영적인 눈을 뜨고 바라볼 수 있는 안목이 필요하다.

로마서 1장 24절도 그런 관점으로 바라봐야 한다.

그러므로 하나님께서 그들을 마음의 정욕대로 더러움에 내버려두사

롬 1:24

겉으로 보기에 이보다 더 편한 상태가 어디 있겠는가? 마음껏 쾌락을 누리고 즐기며 제멋대로 외도를 해도 아무런 문제가 생기지 않으니 이런 행운이 어디 있겠는가? 하지만 사실은 이것이 가장 무서운 저주의 상태라는 것을 알아야 한다. 이런 맥락에서 우리는 히브리서 12장 6절의 말씀을 기쁘게 기억해야 한다.

주께서 그 사랑하시는 자를 징계하시고 그가 받아들이시는 아들마다 채찍질하심이라 하였으니 히 12:6

나는 가끔 농담 반, 진담 반으로 '엉터리 목사' 얘기를 하는데, 가끔 보면 거짓말도 잘하고 교회 돈도 자기 주머니의 돈처럼 잘 쓰면서 아무런 가책 없이 잘 지내는 목사들이 있다. 어떨 때는 그들이 부럽단 생각이 들기도 한다. 그들에게는 세상살이가 그렇게 쉽고 편한데, 왜 우리는 작은 일에서조차 가책을 느끼며 마음이 힘들고 불편해야 하는가?

제대로 된 크리스천은 이 세상을 살아가는 것이 많이 불편하다. 하나님께서는 그 사랑하는 자를 수시로 징계하시며 채찍질하시기 때문이다.

구약에서 하나님의 징계를 제일 많이 받은 백성이 누구인가? 하나님을 모르는 이방 민족이 아니다. 아이러니하게도 구약에서 제일 징계를 많이 받은 민족은, 하나님의 택한 백성이라는 이스라엘 백성이다. 이것을 어떻게 해석할 수 있는가?

너희가 참음은 징계를 받기 위함이라 하나님이 아들과 같이 너희를 대우하시나니 어찌 아버지가 징계하지 않는 아들이 있으리요 히 12:7

바로 이 말씀 때문이다. 우리가 아주 작은 잘못만 저질러도 가책이 느껴져 마음이 괴롭고 잠도 안 오고, 조금만 옆길로 가도 바로 하나님의 징계가 들어오니 세상살이는 좀 불편하지만, 우리 안에 어떤 자부심이 느껴지는가?

'내가 하나님의 아들이 맞구나! 난 하나님의 자녀 맞구나!'

이런 면에서 보면, 본문에서 세 번씩이나 반복되는 '내버려두사, 내버려두사, 내버려두사'는 겉으로 보기에는 너무나 편하고 다행한 상황 같지만, 사실 이것이 가장 무서운 하나님의 저주의 상태란 것이다.

그래서 여기서는 이 부분을 살펴보려고 한다. 하나님께서는 사랑하시는 자녀들에게 징계를 주신다고 말씀하시는데, 그러면 하나님은 자녀들이 그 징계를 통해 무엇을 깨닫기 바라시는가? 무엇을 주기 원하시는 것일까? 이 질문에 세 가지로 정리해보았다.

징계를 통해 자각을 주기 원하신다

첫째로, 하나님께서 징계를 통해 우리에게 주시기 원하는 것은 '자각하기'이다. 하나님께서는 징계를 통해 우리가 잘못된 길로 가고 있음을 자각하게 되기를 원하신다는 것이다.

역대상 21장 1절을 보라.

사탄이 일어나 이스라엘을 대적하고 다윗을 충동하여 이스라엘을 계수하게 하니라 대상 21:1

지금 무슨 상황인가 하면, 다윗 왕이 인구조사를 단행했다. 이것이 무슨 문제란 말인가? 겉으로 보기에는 아무런 문제도 없어 보인다. 우리나라도 5년에 한 번씩 정밀한 인구조사를 하지 않는가? 그것처럼 왕으로서 인구조사를 지시하는 것은 아무 문제없다.

하지만 중요한 것은, 하나님은 표면적으로 드러나는 현상에 초점을 두시는 게 아니라 왜 그 일을 하게 되었는지 마음의 동기를 중요하게 보신다는 것이다.

그래서 성경을 보니, 문제는 다윗이 인구조사를 하게 된 동기가 "사탄이 일어나 이스라엘을 대적하고 다윗을 충동하여"라는 데 있었다. 다시 말해, 교만을 부추기는 사탄의 충동에 의해 다윗이 자기를 과시하고자 인구조사를 명하는 악한 동기가 있었다는 것이다.

나는 이 부분이 늘 두렵다. 세상 사람들은 그냥 열심히만 하면 된다고 생각하지만, 우리는 거기에 한 가지를 더 갖추어야 한다. 그 열심에 대한 동기까지도 하나님이 보시기에 선한 것이어야 한다는 것이다.

내가 목사가 된 이후로도 마찬가지다. 하나님은 설교 얼마나 잘하는지, 사람을 얼마나 많이 모았는지 이런 걸 안 보신다. 그 내면의 동기를 보신다.

'쟤가 저렇게 열심히 목회하는 의도가 무엇인가? 그 중심이 무엇인가?'

이것이 바르지 않으면 하나님 앞에서 실패자인 것이다. 다윗이 지금 그 부분에서 잘못된 길로 가고 있는 것이다.

중요한 것은, 그랬더니 바로 하나님의 징계가 들어온다. 7절을 보라.

하나님이 이 일을 악하게 여기사 이스라엘을 치시매 대상 21:7

이 부분이 간단하게 표현되어서 그렇지, 사실 이 일로 어마어마한 징계를 받았다. 이것이 하나님이 사랑하는 자들에 대한 하나님의 사랑법이다. 그렇게 무섭게 징계를 내리시자 다윗이 어떻게 반응하는가? 8절에 나오는 다윗의 반응을 보라.

다윗이 하나님께 아뢰되 내가 이 일을 행함으로 큰 죄를 범하였나이다 이제 간구하옵나니 종의 죄를 용서하여주옵소서 내가 심히 미련하게 행하였나이다 하니라 대상 21:8

우리는 여기서 중요한 공식을 발견해야 한다. 우리가 하나님의 사랑하는 자녀라면 우리가 옆길로 가는 순간 하나님은 우리를 징계하신다. 그리고 하나님께서 그렇게 징계하실 때 우리가 하나님의 자녀라면 우리는 징계를 징계로 볼 수 있는 영안이 열려서 바로 반응한다. 회개하는 것이다.

'제가 잘못했습니다, 하나님. 용서해주시옵소서.'

나는 다윗이 회개하는 모습을 그리고 있는 이 구절을 보면서 이와 대조되는 한 인물이 떠올랐다. 출애굽기에 나오는 애굽 왕 바로의 모습이다. 성경은 바로의 모습을 어떻게 묘사하는가? 출애굽기 7장 13절을 보라.

그러나 바로의 마음이 완악하여 그들의 말을 듣지 아니하니 출 7:13

이것이 바로의 마음 상태이다. 이 부분을 예전에 사용하던 개역한글 성경으로 보면, "바로의 마음이 강팍하여"라고 되어 있다. 국어사전을 찾아보면 '강팍하다'라는 단어를 이렇게 풀이한다.

"성격이 까다롭고 고집이 세다."

바로가 그렇게 강팍하니까 하나님의 심판이 얼마나 많이 애굽에 임했는가? 그런데도 그는 다윗처럼 회개하고 돌아서지 않는다.

다윗과 바로의 공통점이 무엇인가? 둘 다 옆길로 갔다. 차이점은 무엇인가? 하나님의 징계가 있을 때 하나님의 자녀인 다윗은 바로 반응하여 회개의 자리로 갔고, 바로는 그 무서운 수많은 심판 가운데서도 돌이킴이 없었다. 망할 때까지 가는 것이다.

누구라고 완전해서 이 세상 살다가 일시적으로 옆길로 갈 때가 없겠는가? 누구라고 이 세상 살다가 강팍해지지 않을 때가 있는가? 누구라고 이 세상 살다가 엉뚱하게 죄 짓고 잘못된 길을 헤매지 않을 때가 있느냐 말이다. 다윗도 그랬고, 많은 성경의 인물도 그렇고, 나도 마찬가지다. 되돌아보면 나 역시도 강퍅했던 순간들이 많았음을 깨닫는다.

그러나 애굽 왕 바로와 나와의 차이가 뭐냐고 물으면 감히 나는 이렇게 대답한다.

"나 역시 수없이 강퍅한 순간이 많았지만, 나는 하나님의 징계가 있을 때마다 회개하고 돌아옵니다. 때로는 새벽에 묵상하다가 잠잠한 하나님의 말씀 앞에 회개하며 여기까지 왔습니다."

당신은 하나님의 자녀인가? 그렇다면 하나님의 징계가 있어야 한다. 그리고 그 징계를 징계로 느낄 수 있는 영적인 민감함이 우리에게 필요하다.

내가 우리 교회 교역자들에게 종종 구호처럼 외치는 것이 하나 있다. "민감할 데 민감하고, 둔감할 데 둔감하자"이다. 왜 이런 구호를 외쳐야 하는가? 미련한 우리는 정반대로 살아가기 때문이다.

성도들을 제대로 섬기기 위해서는 지금보다 훨씬 더 예민한 감각으로 한 분 한 분 살펴야 하는데, 이런 부분에는 늘 둔감한 교역자들의 모습을 발견한다. 그런가 하면 누가 나보다 설교 더 잘하나 이런 데는 좀 둔해도 괜찮은데, 민감해서 그 인생이 피곤한 것 아닌가?

그러므로 신앙생활 하는 우리 모두는 이 구호를 외치며 하나님의 은혜를 구해야 한다.

"민감할 데 민감하고, 둔감할 데 둔감하자."

그리고 이 사실을 꼭 기억해야 한다. 하나님께서는 그 사랑하는 자들에게 징계를 주신다는 사실 말이다. 하나님께서는 그 징계를 통해 우리가 잘못된 길로 가고 있음을 자각하고 돌이키기를 원하신다.

징계를 통해 회복하기를 원하신다

둘째로, 하나님께서 우리가 징계를 통해 깨닫기 원하시는 게 무엇인가? '회복하는 것'이다. 하나님께서는 징계를 통해 우리가 회복하기를 원하신다.

히브리서 12장에 보면 '징계'라는 표현이 계속 반복되는 것을 볼 수 있는데, 나는 이 단어가 참 중요하다고 생각한다. 징계라는 단어에 주목하면서 히브리서 12장 6-10절을 보자.

주께서 그 사랑하시는 자를 징계하시고 그가 받아들이시는 아들마다 채찍질하심이라 하였으니 너희가 참음은 징계를 받기 위함이라 하나님이 아들과 같이 너희를 대우하시나니 어찌 아버지가 징계하지 않는 아들이 있으리요 징계는 다 받는 것이거늘 너희에게 없으면 사생자요 친아들이 아니니라 또 우리 육신의 아버지가 우리를 징계하여도 공경하였거든 하물며 모든 영의 아버지께 더욱 복종하며 살려 하지 않겠느냐 그들은 잠시 자기의 뜻대로 우리를 징계하였거니와 오직 하나님은 우리의 유익을 위하여 그의 거룩하심에 참여하게 하시느니라 히 12:6-10

여기서 반복되는 '징계'를 원어로 보면 '파이데이아'라는 단어이다. 이 단어의 원래의 뜻은 '아이를 양육하기'이다. 그러니까 맨 앞에 나오는 히브리서 12장 6절 말씀을 원어에 가깝게 의역하면 이렇게 읽을 수 있다.

"주께서는 당신이 사랑하시는 자들을 자녀다운 모습으로 만드시기 위해 징계하신다."

징계는 우리 죄의 결과로 하나님이 저주를 내리시는 것이 아니다. '파이데이아', 곧 그 사랑하는 자식이 잘되기를 바라는 마음으로, 그래서 옆길로 갔어도 되돌아오기를 바라는 아버지의 마음으로 행하는 것이 징계이다. 그래서 히브리서 12장에서 무수히 반복되는 징계의 말씀들의 결론을 보라. 11절이다.

무릇 징계가 당시에는 즐거워 보이지 않고 슬퍼 보이나 후에 그로 말미암아 연단 받은 자들은 의와 평강의 열매를 맺느니라 히 12:11

징계의 유익을 말하는 것 아닌가? 불행한 것은 오늘 우리 시대가 영적인 둔감 병에 걸려서 하나님의 사랑의 매를 인식하지 못한다는 것이다. 로마서 1장의 '내버려두사, 내버려두사, 내버려두사'는 사실 이 하나님의 징계를 자각하지 못하는 병에 든 상태라고 말할 수 있다.

몇 년 전의 일이다. 정기 건강검진을 받았는데, 심장에 이상이 발견되어 조치를 취한 적이 있다. 1차 검진한 병원에서 심장내과로 가보라면서 소견서를 써주기에 긴장한 채 심장내과에 갔더니 굉장히 심각하게 말하는 게 아닌가? 빨리 조치를 취해야 하니 다음에 올 때는 보호자와 함께 오라는 것이다. 보호자와 함께 오라니, 벌써부터 뭔가 이상하지 않은가?

그래서 걱정스러운 마음으로 우리 교회 장로님이 의사로 계시는 종합병원으로 옮겨서 정밀검진을 받았다. 손목에 심장으로 연결하는 관을 끼워 정밀히 촬영해 보았더니, 심장은 3개의 심장혈관으로 연결되어 있는데, 그 3개의 심장혈관 중에 하나가 거의 절반 가까이 막혀 있었다는 것이다. 그러면서 하는 말씀이 이랬다.

"목사님, 이런 걸 방치하면 어느 날 주무시다가 하나님께로 바로 가십니다."

또 이런 이야기를 했다.

"목사님, 이 병명이 뭔지 아십니까? 무통증 협심증입니다."

보통 이 정도 되면 심장이 아프고, 특히 등산을 하면 못 견딜 정도로 고통이 와야 하는데, 나는 통증 없이 진행이 됐다는 것이다.

내가 그 장로님의 이야기를 듣고 "할렐루야! 통증을 없게 하신 주님을 찬양합니다!"라고 했을까? 그 반대이다. 심장혈관 중 하나가 거의 절반 가까이 막힐 때까지 아무런 통증도 느낄 수 없었던 상황이 너무나 원망스러웠다.

그날 새삼 깨달았다. 통증이 축복일 수 있다는 사실을. 물론 지금은 깨끗하게 나아 정상적인 생활을 하고 있다.

그때 만약에 바쁘다는 핑계로 정기검진을 소홀히 했더라면 어떻게 됐을까? 아찔한 일이다. 그러니 조금만 잘못되면 고통이 오는 것이 축복이다. 무통증, 이것만큼 무서운 것도 없다.

영적으로 우리가 하나님 앞에 무통증 협심증이 없어지기를 바란다. 조금만 잘못하면 아파서 견딜 수 없도록 하시는 하나님의 징계와 그분의 사랑의 매, 우리가 이것을 느껴야 산다는 것이다.

소망이 끊어진 상태가 사실 소망이다

구약의 인물 중에서 예레미야는 이 부분에 아주 민감했던 인물이다. 그래서 예레미야애가 3장 1-5절을 보면 이스라엘 백성을 향한 무서운 하나님의 징계가 얼마나 그를 고통스럽게 만들었는지 모른다.

여호와의 분노의 매로 말미암아 고난당한 자는 나로다 나를 이끌어 어둠 안에서 걸어가게 하시고 빛 안에서 걸어가지 못하게 하셨으며 종일토록 손을 들어 자주자주 나를 치시는도다 나의 살과 가죽을 쇠하게 하시며 나의 뼈들을 꺾으셨고 고통과 수고를 쌓아 나를 에우셨으며 애 3:1-5

예레미야의 민감한 영성이 느껴지지 않는가? 사실은 예레미야가 죄지은 것도 아니지 않은가? 이 하나님의 징계 앞에서 죄 지은 악한 자들은 뻔뻔하여 어떤 양심의 가책도 못 느끼는데, 예레미야는 지금 너무나 큰 고통을 느끼고 있는 것이다.

그 징계가 얼마나 고통스러운지, 18절을 보라.

스스로 이르기를 나의 힘과 여호와께 대한 내 소망이 끊어졌다 하였도다 애 3:18

예레미야는 하나님의 징계가 너무나 견디기 힘들어서 소망이 끊어졌다고 표현했다. 그런데 참 아이러니하게도 방금 전까지 하나님의 징계로 소망이 끊어졌다고 할 만큼 고통을 호소했던 예레미야가 바로 그다음 20절부터 뭐라고 고백하는지 보라.

내 마음이 그것을 기억하고 내가 낙심이 되오나 이것을 내가 내 마음에 담아 두었더니 그것이 오히려 나의 소망이 되었사옴은 여호와의 인자와 긍휼이 무궁하시므로 우리가 진멸되지 아니함이니이다
애 3:20-22

예레미야가 무엇을 이야기하는가? "지금 너무 아파요. 고통이 너무 심해요. 하나님의 징계로 난 소망이 끊어졌어요"라고 토로하고는 바로 그다음에 이렇게 말하는 것이다.

"그런데 하나님의 징계를 받아 소망이 끊어진 이 상태가 사실은

내게 소망입니다."

예레미야의 이 모순된 감정은 무엇인가? 그는 왜 이런 고백을 하는가? 지금 이스라엘 민족이 범죄함으로 하나님이 분노하여 그들을 멸하려고 징계하시는 게 아니라는 것이다. 신약으로 말하면 '파이데이아'이다. 징계가 사랑하는 자녀를 바르게 깨우쳐 아름다운 길로 가도록 하시기 위한 하나님의 변장하고 찾아온 축복인 것을 깨달은 것이다. 그렇기 때문에 범죄한 자기 민족을 향한 하나님의 징계가 너무나 고통스럽지만, 사실은 그 고통이 우리의 소망이라는 것이다.

예레미야가 깨달았던 이 깊은 깨달음을 우리가 다 깨닫게 되기를 바란다.

징계를 통해 에너지의 변환을 원하신다

셋째로, 하나님께서는 징계를 통해 우리에게 무엇을 원하시는가? 하나님은 징계를 통해 우리의 잘못된 에너지가 건강한 에너지로 변환되기를 원하신다.

이것이 무슨 말인가 하면, 로마서 1장 24절을 다시 보자.

그러므로 하나님께서 그들을 마음의 정욕대로 더러움에 내버려두사

롬 1:24

여기 나오는 정욕이 원어로 '에피튀미아'이다. 이 단어의 특징은 앞에서 살펴본 대로 양면적인 의미를 가지고 있다는 것이다. 본문에서는 부정적인 의미로 쓰여서 '성적인 타락을 포함한 금지된 것을 탐하는 악한 마음'을 뜻한다.

그런데 하나님의 징계를 통해 악한 곳에 열정을 쏟던 사람이 변화되면, 그 악한 열정이 선한 열정으로 바뀐다는 것이다.

바울이 바로 그런 경우이다. 데살로니가 2장 17절을 보라. 여기에도 '에피튀미아'라는 단어가 나온다.

형제들아 우리가 잠시 너희를 떠난 것은 얼굴이요 마음은 아니니 너희 얼굴 보기를 열정으로 더욱 힘썼노라 살전 2:17

여기 나오는 '열정'이 로마서 1장에서 부정적인 의미로 쓰인 '에피튀미아'와 같은 단어라는 것이 무엇을 말하는가? 바울이 다메섹 도상에서 변화 받기 이전에는 악한 열정, 부정적인 의미의 '에피튀미아'가 그를 장악했다면, 변화 받고 난 뒤에는 그 열정이 선한 것으로 바뀌어 형제를 세우고 살리고 위해주는 쪽으로 에너지가 쓰이더라는 것이다.

이처럼 하나님의 징계는 우리의 에너지를 부정적인 것에서 긍정적인 것으로 변환시킨다. 우리가 가지고 있던 악한 열정이 있다면 하나님의 징계를 통해 선한 열정으로 변환되는 은혜가 있기를 바란다.

내가 오래전에 읽었던 책 중에 《사랑과 행복에의 초대》라는 제목의 책이 있다. 그 책에서 성(性)에 대해 저자가 이렇게 설명했던 것을 기억한다. 성이 두 갈래라는 것이다. 하나는 'controlled fire', 즉 통제가 되는 불이고, 또 하나는 'uncontrolled fire', 즉 통제가 되지 않는 불이다.

우리가 불을 잘 조절하기만 하면 어떤가? 요리도 할 수 있고, 한겨울 추위 속에서도 따뜻한 온도로 잠을 잘 수 있다. 이것이 'controlled fire'의 순기능이다.

그런데 불이 통제되지 않는 'uncontrolled fire'가 되면 산불이나 화재를 일으키는 것처럼 얼마나 파괴적인 흉기로 변하는가? 우리의 열정이 하나님 손에 의해 다듬어지지 않으면 'uncontrolled fire'처럼 무서운 흉기가 되지만, 하나님의 통제 아래 놓이면 선한 열정으로 바뀌게 될 줄로 믿는다.

지금까지 살펴본 것처럼 하나님의 '내버려두지 않으사'의 징계는 세 가지를 목표로 한다. 첫째로 자각하는 것이다. 하나님은 우리가 잘못된 길로 가고 있음을 자각하기를 원하신다. 둘째로 회복되는 것이다. 잘못된 길에서 되돌아 바른 길로 가기를 원하신다. 셋째로 변환하는 것이다. 하나님은 징계를 통해 우리의 악한 열정이 선한 열정으로 바뀌기를 원하신다.

나 다시 돌아갈래!

오래전에 나왔던 〈박하사탕〉이라는 영화가 있다. 이 영화가 얼마나 강렬했던지 이 영화를 보고 그날 밤 악몽을 꿨다. 잠에서 깨고 나서 아내가 "당신은 꿈에서 누굴 그렇게 야단치고 호통 치는 거예요?"라고 묻는 게 아닌가? 아마도 내가 꿈에서 그 영화 주인공에게 막 호통을 쳤던 것 같다.

이 영화가 어떤 내용인가 하면, 1999년에 등장하는 남자 주인공이 40살이다. 일곱 개의 에피소드를 가지고 한 인생을 역추적해가는 스토리인데, 제일 먼저 나오는 장면이 이것이다. 남자 주인공이 기차 철로 위에서 술에 만취가 되어 두 팔을 벌리고 절규한다.

"나 다시 돌아갈래!"

그러고는 기차에 치여 죽는다. 그렇게 한 남자가 인생을 끝내는 것으로 영화가 시작된다.

그리고 그다음 장면이 바로 3일 전이다. 3일 전으로 돌아가서 이 사람이 자살을 하려고 권총을 구입하는데, 이런 대사가 나온다.

"나 이 총으로 딱 한 놈만 죽일라 그랬어. 나 혼자 죽기엔 너무, 너무 억울하니까 딱 한 놈만 내 저승길에 같이 동행하자."

그러고는 영화는 다시 5년 전 여름으로 거슬러 올라가고, 또 그다음에는 12년 전, 15년 전, 계속 과거로 거슬러 올라가다가 마지막으로 20년 전, 주인공의 대학생 시절로 되돌아가, 20년 후 그가 자살하는 그 장소를 배경으로 눈물 흘리는 모습이 나온다.

내가 그 영화를 보면서 너무 마음이 아팠던 것은, 시간이 과거로 가면 갈수록 주인공이 너무 순수한 것이다. 반대로 세월이 흘러가면 흘러갈수록 주인공은 당시 혼미한 시대의 희생물이 되어 타락하고 변질되어 실패자의 모습으로 살다가, 그 정점에 자살하는 것으로 인생을 끝낸다. 자살하기 전에 "나 다시 돌아갈래!"라고 절규하면서 죽어가는 모습이 내 마음을 아프게 했다. 그 장면의 잔상이 내 머릿속을 떠나지 않았다. 이 영화를 만든 감독이나 제작자들의 이야기를 들어보면, 그 모습이 인간의 자화상이라고 한다.

주인공이 팔을 벌리고 "나 다시 돌아갈래!"라고 외쳤지만 결국 돌아가지 못하고 죽고 마는 장면을 보면서 한 인물이 떠올랐다. 바로 로마서를 기록한 바울이다. 바울도 그 영화의 주인공과 마찬가지로 울분과 분노가 많았던 인물이었다. 그래서 예수 믿는 사람을 잡아 죽이던 포악했던 사람인데, 그 영화의 주인공이 "나 다시 돌아갈래!"라고 절규했지만 결국 죽음을 선택한 것과 달리 바울은 진짜로 돌아가게 되지 않았는가? 그는 새로운 인생을 시작하게 되었다.

로마서 1장에서 바울이 "나는 복음을 부끄러워하지 않는다. 나는 복음이 자랑스럽다"라고 소리칠 수 있었던 이유가 무엇인가? 어떻게 그렇게 될 수 있었는가? 자기를 다시 돌아가게 만든 하나님의 능력의 도구, 그것이 복음이었기 때문이다. 복음으로 자기가 다시 돌아갈 수 있었다는 것이다.

우리는 어떤 상황인가? 혹시 지금 요나서 1장 3절의 상태에 빠져 있는 사람은 없는가? 아무리 악한 짓을 저질러도 '마침 다시스로 가는 배를 만난지라'처럼 승승장구이고, 무슨 짓을 해도 들키지 않는, 그야말로 운수대통의 길을 걷고 있는 사람이 있는가? 주님 이름으로 경고하는데 그것이 가장 무서운 저주의 상태이다.

그런가 하면, 요나서 1장 4절의 "여호와께서 큰 바람을 바다 위에 내리시매 바다 가운데에 큰 폭풍이 일어나 배가 거의 깨지게 된지라"의 상태에 빠져 인생의 배가 거의 파선하게 된 사람도 있을 것이다. 그래서 죽을 것같이 아프고 고통스러운가? 예레미야의 말처럼 소망을 잃어버린 것 같은가? 그러나 예레미야의 깨달음처럼 우리가 하나님 앞에 징계를 받아 소망이 끊어진 것 같은 그 상태가 사실은 진짜 소망의 상태임을 자각하는 은혜가 있기를 바란다.

그래서 우리 인생의 마지막이 그 주인공처럼 두 팔 벌리고 "나 다시 돌아갈래!"라고 아무리 소리쳐도 돌아갈 수 없어 비참하게 끝나는 인생이 아니라, 바울처럼 "나는 복음이 자랑스럽습니다. 나는 복음을 사랑합니다. 날 다시 돌아가게 해준 이 복음을 나는 신뢰합니다"라고 고백할 수 있는 인생이 되기를 바란다.

십자가의 은혜로 나를 자녀 삼아주신 그 하나님께서 내가 옆길로 갈 때마다 내버려두지 않으시고 매를 들어 바르게 인도하시는 은혜를 누리는 우리 모두가 되기를 바란다.

로마서 1장 24-32절

24 그러므로 하나님께서 그들을 마음의 정욕대로 더러움에 내버려두사 그들의 몸을 서로 욕되게 하게 하셨으니 25 이는 그들이 하나님의 진리를 거짓 것으로 바꾸어 피조물을 조물주보다 더 경배하고 섬김이라 주는 곧 영원히 찬송할 이시로다 아멘 26 이 때문에 하나님께서 그들을 부끄러운 욕심에 내버려두셨으니 곧 그들의 여자들도 순리대로 쓸 것을 바꾸어 역리로 쓰며 27 그와 같이 남자들도 순리대로 여자 쓰기를 버리고 서로 향하여 음욕이 불 일듯 하매 남자가 남자와 더불어 부끄러운 일을 행하여 그들의 그릇됨에 상당한 보응을 그들 자신이 받았느니라 28 또한 그들이 마음에 하나님 두기를 싫어하매 하나님께서 그들을 그 상실한 마음대로 내버려두사 합당하지 못한 일을 하게 하셨으니 29 곧 모든 불의, 추악, 탐욕, 악의가 가득한 자요 시기, 살인, 분쟁, 사기, 악독이 가득한 자요 수군수군하는 자요 30 비방하는 자요 하나님께서 미워하시는 자요 능욕하는 자요 교만한 자요 자랑하는 자요 악을 도모하는 자요 부모를 거역하는 자요 31 우매한 자요 배약하는 자요 무정한 자요 무자비한 자라 32 그들이 이 같은 일을 행하는 자는 사형에 해당한다고 하나님께서 정하심을 알고도 자기들만 행할 뿐 아니라 또한 그런 일을 행하는 자들을 옳다 하느니라

13
chapter

주님의 순리를 따르는 삶

　우생마사(牛生馬死)라는 사자성어가 있다. 글자 그대로 풀이하면 '소는 살아남고 말은 죽게 된다'라는 뜻이다. 좀 더 구체적으로 말하면, 소와 말이 홍수를 만나 물에 떠내려가면 소는 사는데 말은 물에 빠져 죽게 된다는 뜻이다.

　흥미로운 것은, 사실 말이 소보다 수영을 훨씬 잘한다는 것이다. 소와 말을 커다란 저수지에 밀어 넣으면, 말이 소보다 거의 두 배나 빨리 헤엄쳐 나올 정도로 수영 실력이 탁월하다고 한다. 그런데 왜 수영 잘하는 말은 물에 빠져 죽고, 소는 살아남는다고 하는가?

　홍수를 만나 급류에 떠내려가면 말은 수영에 자신이 있다 보니 물살을 거슬러 올라간다고 한다. 한번 상상해보라. 아무리 수영을 잘해도 홍수로 불어난 물살이 얼마나 거세겠는가? 그러니 말이 조금 올라가다 다시 제자리로 밀려 내려오고, 조금 올라가다가 또 제자리로 밀려 내려오고, 그러다 그만 탈진해서 물에 빠져 죽는다는 것이다.

이에 반해 소는 물살을 거슬러 올라가는 법이 없다고 한다. 물살에 자기 몸을 맡기고 떠내려가다 보면 얕은 물가를 만나게 되는데, 그럴 때 기회를 봐서 빠져나오기 때문에 소는 살아남는다는 것이다.

곧 '우생마사'란 사자성어는 어떤 교훈을 담고 있는가? '사람은 순리대로 살아야 한다. 교만하여 물살을 거스르겠다고 역리로 행하면 망한다'라는 메시지를 전달하는 것 아닌가?

누군가 나에게 "로마서 1장을 한 마디로 요약하면 어떻게 얘기할 수 있습니까?"라고 묻는다면, 나는 이렇게 대답할 것이다.

"우생마사다!"

역리의 결과

먼저 로마서 1장 25절을 보라.

이는 그들이 하나님의 진리를 거짓 것으로 바꾸어 피조물을 조물주보다 더 경배하고 섬김이라 롬 1:25

인간은 우리를 창조하신 하나님을 찬양하고 경배하며 그분이 주시는 지침인 말씀과 교훈을 가지고 살아가게 되어 있는데, 탐욕으로 말미암아 피조물을 조물주보다 더 경배하고 섬기는 역리를 범했다. 그랬더니 그 역리가 어떤 결과를 가져왔는가? 그다음 26,27절 말씀을 보라.

> 이 때문에 하나님께서 그들을 부끄러운 욕심에 내버려두셨으니 곧 그들의 여자들도 순리대로 쓸 것을 바꾸어 역리로 쓰며 그와 같이 남자들도 순리대로 여자 쓰기를 버리고 서로 향하여 음욕이 불 일듯 하매 롬 1:26,27

이 말씀들의 흐름을 보면, 창조주 하나님을 섬기는 것이 순리인데 타락한 인간들이 그 순리를 저버리고 역리를 택했다. 물결을 거슬러 올라가는 교만한 말처럼 하나님을 마음에서 몰아내고 '내 힘으로 내 인생을 잘살 수 있다'고 자신하다가 그 역리로 인해 우생마사의 고통을 겪는 것이 이 땅의 모습이다.

우리 주변을 둘러보면 우생마사의 비극이 많이 발견된다. 그 대표적인 예가 광우병 같다. 소가 광우병에 걸리면 뇌에 구멍이 생겨 이상행동과 불안 증세를 보이다가 죽게 된다고 알려져 있다. 더군다나 인간에게도 전염될 가능성이 있다고 해서 한때 우리나라도 발칵 뒤집어지지 않았는가?

그런데 중요한 것은 이 무서운 광우병이 왜 생겼느냐는 것이다.

알다시피 소는 초식동물이다. 풀 뜯어먹고 사는 동물이다. 하나님이 그렇게 만드셨다. 그런데 인간이 소를 빨리빨리 키우고 살찌워서 돈을 벌겠다는 욕심으로 초식동물인 소에게 동물성 사료를 먹인 것이 광우병의 원인이라고 추정한다. 이 말이 맞다면 얼마나 큰 비극인가? 인간의 탐욕이 자연의 순리를 거슬러 역리로 나아갔기 때문에 이런 비극이 일어난 것 아닌가?

다음 세대에게 일어나는 역리의 비극

우리나라에서 일어나고 있는 자녀 교육에도 '우생마사'의 역리가 많다. 주일 성수만 해도 그렇다. 우리를 창조하신 하나님께서 6일 동안 열심히 일하고 공부하고, 하루는 쉬면서 재충전하라고 명하셨으면 다 이유가 있을 것 아닌가? 그런데 오늘 우리 아이들에게는 주말이고, 주일이고 없다. 학원 특강이나 보충 수업으로 더 바쁘다. 그래서 아이들을 자꾸 더 행복하지 않은 쪽으로 몰아가고 있는 것이 자녀교육의 현실 아닌가?

나는 미국에서 이민생활을 하다가 한국으로 돌아와 청소년 사역을 시작했는데, 제일 먼저 맡았던 부서가 고3 부서, 즉 입시생 부서였다. 지금도 그렇지만 당시의 입시 분위기는 살벌했다. 완전히 전쟁터였다.

예배를 인도하다 보면, 설교의 본문을 읽기도 전에 3분의 1이 졸기 시작한다. 설교가 한창 진행 중에 조는 것이라면 내 책임이겠지만, 본문을 읽기도 전에 조는 것은 누구 책임인가? 한번은 설교 중에 저쪽에서 우당탕 소리가 나서 깜짝 놀라 봤더니 한 녀석이 1인용 의자에 앉아서 졸다가 뒤로 넘어진 것이다.

이처럼 한 3분의 1은 그렇게 졸고 있고, 한 3분의 1은 이미 깊은 잠에 빠져 있고, 나머지 한 3분의 1만 초롱초롱한 눈으로 설교를 듣는다. 그렇게 예배가 끝나면 미안했는지 쪼르르 달려와서는 "목사님, 제가 오늘은 두 시간 자고 왔어요", "전 세 시간 자고 지금 왔어요. 죄송합니다"라고 한다. 가슴 아픈 변명 아닌가? 고3 부서를 지도하는 내내 이런 일들을 겪어야 했다.

무엇보다도 괴로웠던 것은, 예배가 한 10분만 늦게 끝나도 학부모들에게 항의 전화가 오는 것이다.

"아이 학원 보내야 하는데 왜 붙잡아놓고 안 보내는 거예요?"

그러니 어떻게 마음 놓고 찬양과 말씀과 기도가 터뜨려지는 예배를 드릴 수 있었겠는가? 아이들이 불쌍했다. 이렇게 전쟁터 같은 환경에서 지내다 보니 정서가 얼마나 메마르겠는가? 한번은 여학생 한 명이 오더니 막 우는 것이다. 놀라서 무슨 일이냐고 물었더니, 누가 자기 노트를 훔쳐갔다는 것이다. 듣고 보니, 그때가 시험 기간이었는데 라이벌이 그 아이의 시험을 망치게 하려고 노트를 훔쳐간 것이다. 이런 믿을 수 없는 비교육적인 일들이 벌어지고 있는 것이 오늘 현실의 교육 현장이다. 가슴 아픈 일이지 않는가? 이런 현상 역시 우리 어른들이 만든 역리의 결과물임을 부인할 수 없다.

그런데 이런 입시 전쟁터 같은 분위기 속에도, 아주 독특한 아이들이 있었다. 고3인데도 불구하고 한 10명에서 15명 정도가 주일 오후 늦게까지 교회에 모여서 자기들끼리 기도 모임을 하는 것이다. 선생님이 인도하는 것도 아니었다. 모일 마땅한 장소도 없어서 복도 끝에 대충 자리를 만들어 모였는데, 얼마나 뜨겁게 기도하고 찬양하는지 모른다.

그때 그렇게 자기들끼리 모여서 기도하고 찬양하는 모습을 보면서 한편으로는 기특하고 대견했지만 한편으로는 걱정이 앞서는 것이 사실이었다.

"너희들 이래도 괜찮니? 집에서 뭐라고 안 그러니?"

정직하게 고백하면, 나 역시도 인간적인 염려가 없었던 것은 아니다. 그런데 그해 수능시험 결과를 보고 내가 하나님께 회개했다. 그렇게 주일은 아예 공부할 생각도 안 하고 모여서 두세 시간씩 기도하고 찬양하던 아이들 대부분이 자기가 꿈꾸고 원하던 학교에 가더라는 것이다. 그 아이들은 한 주 동안 받았던 스트레스와 상처들을 주일날 교회에서 마음껏 찬양하고 기도하는 것으로 풀었던 것이다. 주일날 마음에 눌렸던 응어리를 풀고 나니 주 중에 잡념 없이 공부에 전념할 수 있었고, 이렇게 일 년 내내 스트레스 없이 공부하니 좋은 결과가 나올 수밖에 없었다.

그걸 보면서 내가 발견한 것이 있다. 하나님이 우리를 괴롭히려고 안식일을 지키라고 명하신 것이 아니라, 우리 인간의 구조를 잘 아시기에 순리대로 살도록 인도하신다는 것이다.

더 놀란 것은 그 기도회를 주도했던 고3 학생이 있는데, 그 학생이 그해에 서울대 정치학과에 들어간 것이다. 그러더니 몇 년 지나서 졸업도 하기 전에 외무고시에 패스하고, 졸업하자마자 외교관으로 생활하기 시작했다.

생각해보면 그 제자가 얼마나 대견한지 모르겠다. 세월이 흘러 그 제자도 사십 대가 되었는데, 순수하고 착한 아내를 맞아 너무나 예쁘고 행복한 가정생활을 영위하고 있다. 그리고 외교관이 되어 전 세계를 누비고 다니는데, 한 7,8년 전쯤에는 아프가니스탄을 자원했다. 왜 하필 전쟁과 테러의 소용돌이로 위험하고 혼란스러운 나라인 아프가니스탄에 자원했을까? 내가 궁금해서 물었다.

그랬더니 그 제자가 대답하기를, 하나님이 자기에게 비전을 주셨기 때문이라고 한다. 하나님이 한반도 통일과 관련한 사명을 주셨는데, 혼미한 아프가니스탄에서 쌓은 경험들이 훗날 통일한국 시대에 북한을 섬기는 데 쓰일 수 있기를 바라서 자원했다는 것이다.

아프가니스탄 근무가 끝나고 난 다음에는 베트남에 가서 베트남의 체제 전환과 개발협력 업무 같은 일들을 담당했고, 그다음에는 스위스 제네바로 가서 인도적 지원, 인도주의 업무를 담당했는데, 전부 다 의도가 있었다. 이런 과정들을 거쳐서 통일한국 시대에 하나님이 자기에게 주신 사명을 감당하기 위하여 경력을 쌓고 있다는 것이다.

그런데 여기서 중요한 포인트가 하나 있다. 하나님께서 그 제자에게 언제 그렇게 뚜렷한 삶의 비전을 주셨는가 하니, 바로 고3 때 주셨다고 한다. 감동적인 이야기 아닌가? 공부를 왜 해야 하는지도 모르고 그냥 엄마가 학원에 가라고 하니까 몽롱하게 끌려 다니는 아이들이 한둘이 아닌데, 이 아이는 교회에 와서 찬양하고 기도하며 하나님께 꿈을 두자, 하나님이 고3 시기에 인생의 목표와 비전을 주신 것이다. 그렇게 비전을 받은 그 친구는 그로부터 20년이 넘는 세월 동안 일관된 자기 삶의 목표를 향해 나아가고 있다.

이것이 얼마나 귀한 일인가? 서울대를 나왔기 때문에 귀한 게 아니다. 그 제자를 만나보면 일관된 꿈을 가지고 사는 사람에게서 보이는 아름다움이 있다. 참 행복해 보인다. 이런 사람들에게 나타나는 특징은 과욕이 없다는 것이다. 한자리 해보겠다고 억지로 일을 나서는 것 없이 삶 자체가 순리대로, 물 흐르듯 흘러간다.

그래서 나는 이 형제를 볼 때마다 생각한다.

"네가 나보다 훨씬 낫다."

청출어람이다. 내가 가장 소중히 여기는 재산이 무엇인지 아는가? 내가 청소년 사역할 때 한 4,5천 명의 제자들을 배출했는데, 세계 어디를 가도 "제가 목사님 제자입니다" 하고 인사를 온다. 곳곳에서 아이들이 꿈을 품고 주님께 쓰임 받을 준비를 하고 있다.

나는 그 아이들이 나를 살려준다고 생각한다. 제자들이 이렇게 하나님의 순리 속에서 꿈을 품고 하나님의 비전을 준비하고 있는데, 스승이라는 목사가 탐심에 빠져서 무리수를 두는 목회를 해서야 되겠는가?

'내가 저 제자들에게 부끄럽지 않은 목사가 되어야겠다.'

늘 이렇게 다짐하게 되는 것이다.

우리 자녀들이 하나님이 주신 놀라운 비전을 향해 행복하게 살아가기를 원하는가? 먼저 부모 된 우리가 우생마사의 우를 범하는 것은 없는지, 욕심을 내서 순리를 거스르려고 하는 역리가 없는지 돌아보아야 한다. 이것이 내가 로마서 1장에서 발견하는 교훈이다.

그러면 이제 조금 더 구체적으로 살펴보자. 인간의 역리가 낳은 부작용이 무엇인가? 본문에서는 역리의 부작용을 두 가지 예시를 들어 설명한다.

역리의 부작용 - 성적 타락과 동성애

첫 번째로 우생마사의 역리가 낳은 부작용이 무엇인가? 성경은 지금 동성애를 지적한다. 동성애를 포함한 성적 타락, 이것이 역리의 사례라는 것이다.

1장 26절을 다시 한번 보라.

이 때문에 하나님께서 그들을 부끄러운 욕심에 내버려두셨으니 곧 그들의 여자들도 순리대로 쓸 것을 바꾸어 역리로 쓰며 롬 1:26

또 27절을 보라.

그와 같이 남자들도 순리대로 여자 쓰기를 버리고 서로 향하여 음욕이 불 일듯 하매 남자가 남자와 더불어 부끄러운 일을 행하여 그들의 그릇됨에 상당한 보응을 그들 자신이 받았느니라 롬 1:27

여기 나오는 '그릇됨'이라는 표현을 원어로 보면 '오류'라는 뜻이다. 어떤 오류인가하면, 올바른 길에서 벗어나 방황하는 오류라는 것이다. 성경은 동성애는 하나님의 창조질서에서 벗어난 역리의 결과물이라 단정하고 있다.

레위기 18장 22절에도 하나님은 이렇게 말씀하신다.

너는 여자와 동침함같이 남자와 동침하지 말라 이는 가증한 일이니라 레 18:22

또 고린도전서 6장 9,10절을 보라.

불의한 자가 하나님의 나라를 유업으로 받지 못할 줄을 알지 못하느냐 미혹을 받지 말라 음행하는 자나 우상숭배하는 자나 간음하는 자나 탐색하는 자나 남색하는 자나 도적이나 탐욕을 부리는 자나 술 취하는 자나 모욕하는 자나 속여 빼앗는 자들은 하나님의 나

라를 유업으로 받지 못하리라 _{고전 6:9,10}

하나님나라를 유업으로 받지 못하는 악한 행위들을 열거하는데, 그중에 '남색하는 자'라고 하여 동성연애자를 지칭하고 있다. 이렇게 성경은 긴 설명 없이 '동성애는 정상적인 궤도를 벗어난 오류'라고 지적하고 있다.

그런데 이것이 내 마음을 참 아프게 한다. 언젠가 내가 아끼는 제자 하나가 울면서 이렇게 고백한 적이 있다.

"사실은 목사님, 제가 동성애자입니다. 아무리 노력을 해도 역부족입니다."

그러면서 기도해달라고 엉엉 울면서 전화를 해온 적이 있다.

또 언젠가 우리 교회 홈페이지 게시판이 동성애 문제로 찬반 논란이 많을 때였다. 그때 어느 성도 한 명이 내게 익명으로 메일을 보내왔다.

"목사님, 사실은 저도 동성애자입니다. 조용히 숨죽이고 있을 테니 내치지 말아주세요."

얼마나 가슴 아픈 이야기인가? 이렇게 가슴 아픈 일들이 벌어지는 현실 앞에서 우리는 어떻게 반응해야 하는가? 그래서 나는 내 마음에 품고 있는 동성애와 관련한 두 가지 지침을 나누고 싶다.

　동성애와 관련한 두 가지 지침 중에 첫 번째는 교회가 동성애자에 대한 혐오주의에 빠져서는 안 된다는 것이다.

　로마서 1장에서 역리로 인한 여러 타락 현상을 열거한 직후, 2장 1절에 어떤 경고의 말씀이 나오는가?

　그러므로 남을 판단하는 사람아, 누구를 막론하고 네가 핑계하지 못할 것은 남을 판단하는 것으로 네가 너를 정죄함이니 판단하는 네가 같은 일을 행함이니라 롬 2:1

　죄는 미워하되 사람은 미워하지 말라는 말씀이다. 주님은 요한복음 8장 11절에서 이렇게 말씀하셨다.

　예수께서 이르시되 나도 너를 정죄하지 아니하노니 가서 다시는 죄를 범하지 말라 하시니라 요 8:11

　이 말씀 역시 죄는 미워하되 사람을 미워하지 말라고 하시는 주님의 근본정신을 담고 있는 것 아닌가?

　나에게 전화로, 메일로 눈물을 흘리며 지금 몸부림치고 있는데 역부족이니 기도해달라고 고백하는데, 거기다 대고 내가 저주와 증오를 표현하면 그것이 옳은 일인가? 어떤 일이 있어도 동성애자들에게 그런 악한 감정을 갖는 것은 성경적인 것이 아니다.

우리나라에서 동성애자를 위한 사역을 하고 있는 톰린슨(Alison Tomlinson) 선교사님의 인터뷰를 어느 신문에서 본 적이 있다. 그 내용 중 일부만 발췌해보자.

"모든 죄의 근원은 동일하다. 하나님과의 깨어진 관계이다. 원치 않는 동성애 성향을 가지고 있는 크리스천이 있다면 그저 품어줘라. 그들은 상처가 많은 사람들이다. 따라서 그들에게 필요한 것은 수용과 사랑이다. 어떠한 죄를 지은 사람이라도 교회에서 받아들여지고 사랑받을 수 있음을 확신시켜주는 교회 문화의 정착이 시급하다."

죄라는 사실을 분명히 하라

그런가 하면, 동성애와 관련한 두 번째 지침은, 성경이 동성애를 올바른 길에서 벗어난 죄라고 명시하고 있다는 것을 간과해서는 안 된다는 것이다.

성경은 내가 만드는 게 아니다. 설교는 내 입맛에 맞도록 강연하는 시간이 아니라, 하나님의 말씀을 전하는 시간이다. 더군다나 지금 미국이나 유럽 같은 곳에서 일어나고 있는 현실과 동성애 축제 같은 것을 보면, 동성애가 성적인 타락과 연결되기 쉽다는 것을 부정할 사람은 아무도 없을 것이다.

그리고 내 마음을 불안하고 두렵게 만드는 것은 우리나라에서 일어나고 있는 동성애와 관련한 여러 논란이 우리 청소년들에게 악영향을 미치고 있다는 것이다.

다른 책에도 인용한 적이 있는데, 어느 신문에 이런 기사가 난 적이 있다.

"동성애 인터넷 카페, 10대 소년들 성적 일탈 창구로."

무슨 내용인가 보니, 10대 청소년들이 주로 찾는 동성연애자 전용 카페가 있다는 것이다. 거기에 가보면 십 대 청소년들이 동성 섹스 파트너를 찾는 글들을 올리고 있다고 한다. 그 신문 기사 일부를 인용해보자.

"당초 동성애자 카페는 성소수자의 애환을 공유하고 권리를 신장하고자 하는 목적으로 개설됐지만, 섹스 파트너를 찾는 즉석 만남이 만연하면서 성정체성이 확립되지 않은 10대 소년들까지 그 영향권에 들어가고 있다."

그다음 내용은 더 심각하다.

"이들은 무분별한 성관계를 해오다가 상대에게 AIDS(후천성 면역 결핍증)를 옮기기도 한다."

이것이 지금 이 땅에서 일어나고 있는 현실이라는 것이다. 그렇다면 바울이 그랬던 것처럼 한편으로는 동성애자도 구원의 대상임을 인정하고 열린 마음으로 그들에게 다가가야겠지만, 또 다른 한편으로는 동성애가 올바른 길에서 벗어난 오류라고 명시한 성경 말씀에 우리가 순종해야 한다는 것이다. 너무나 괴로워하는 동성애자들도 많다는 것을 안다. 어떻게 해서든 그 길에서 벗어날 수 있도록 우리가 도울 방법이 무엇인지 지혜를 구해야 한다.

하나님의 지혜를 구해야 한다

사실 미국이나 유럽에서 동성애에 대해 이처럼 관용하게 된 것은, 그 첫 출발이 '성소수자'로서의 동성애자들의 인권보호에 초점이 있지 않았는가? 이렇게 소수나 약자의 인권을 보호하려는 마음은 귀한 마음이다. 하지만 '옳고 그름'의 기준을 모호하게 만들어버리는 사탄의 계략으로 말미암아 지금 동성애 문제가 혼미한 상태에 빠져버렸다.

사탄은 늘 우리보다 한 수 위다. 그래서 나도 이 문제에 대해 치우치지 않도록 하나님께 기도하고 있다.

'아버지, 가장 정확한 하나님의 뜻을 분별할 수 있게 지혜를 주옵소서.'

우리나라에서도 매년 퀴어축제라고 동성애 축제가 열리는데, 이와 관련하여 나에게도 메일이나 문자가 많이 온다. 어떤 사람은 "목사님, 그날 동성애 축제가 열리지 않도록 막는 일에 동참해주세요"라는 메일을 보내기도 하고, 또 어떤 사람은 정반대로 "그렇게 하시면 안 됩니다"라고 하기도 한다.

'홀리라이프'라고 하는 탈동성애 인권기독운동단체는 동성애 축제 때 물리적인 충돌이 일어나지 않도록 자제해달라는 호소문을 발표했다. 그 내용을 잠깐 보라.

"작년에 퀴어축제 때 있었던 물리적 충돌이 오히려 동성애자들의 입지를 더욱 강화시켜주는 역할을 했다. 지난해 물리적 충돌 이후 동성애 단체들은 언론을 통해 기독교계가 동성애 혐오, 인권유린을 자행했다며 전 세계에 악선전을 했고 더 많은 전 세계 동성애 단체를 초청했다고 밝혔다."

지금 이 단체가 우려하는 것이 무엇인가? 사탄은 고단수라는 것이다. '이런 타락한 행위는 막아야 한다'는 선한 마음을 가지고 시작한 것을 사탄이 악용하여 기독교를 점점 더 고립시킨다는 것이다. 그러니 우리에게 얼마나 뱀 같은 지혜가 필요하겠는가? 우리가다 합심하여 기도해야 한다. 바로 이 동성애의 문제가 로마서 1장에 나오는 역리의 한 예시이다.

역리의 부작용 - 윤리적 타락

두 번째로 우생마사의 역리가 낳은 부작용은 윤리적 타락이다.

곧 모든 불의, 추악, 탐욕, 악의가 가득한 자요 시기, 살인, 분쟁, 사기, 악독이 가득한 자요 수군수군하는 자요 비방하는 자요 하나님께서 미워하시는 자요 능욕하는 자요 교만한 자요 자랑하는 자요 악을 도모하는 자요 부모를 거역하는 자요 우매한 자요 배약하는 자요 무정한 자요 무자비한 자라 롬 1:29-31

여기서 열거되고 있는 수많은 항목들이 다 윤리적인 문제 아닌가? 그런데 여기서 기억해야 할 것은, 이것이 겉보기에는 윤리적인 문제인데 그 뿌리는 영적인 문제라는 것이다.

그러니 교회도 잘 다니고 봉사도 열심히 하며 신앙생활을 잘 하고 있다고 하더라도, 어떤 윤리적인 문제에 걸려 있다면 그것은 단순히 윤리적 타락의 문제가 아니라 영적으로 병든 상태란 것이다.

목사가 아무리 설교를 잘하고 영적으로 대단하고 놀라운 은사를 발휘한다고 해도, 그가 도덕적, 윤리적으로 문제가 있다면 그것은 영적으로 병들었다는 이야기다. 예배 잘 드리고 무단 횡단하는 것, 예배드리겠다고 서둘러 오면서 아무 데나 불법 주차하는 것도 마찬가지다. 이 사실을 잊어서는 안 된다.

여기서 또 한 가지 기억해야 할 것이 있다. 우리는 외도나 성적인 타락 같은 큰 죄를 이야기하면 모두 긴장한다. 그런 유혹에 빠지지 않으리라 다짐도 한다. 하지만 29절 이후부터 나오는 윤리적인 항목들을 보라. 심각한 죄목도 있지만, 대부분은 굉장히 사소한 내용들이다.

시기나 질투 없는 사람이 어디 있는가? 사람이 모여 사는 세상이니 분쟁 없는 곳도 없지 않겠는가? 또 수군수군하는 것도 마찬가지다. 이게 무슨 큰 죄가 되겠는가? 교만한 것, 자랑하는 것도 성적인 타락에 비하면 아무것도 아닌 것 같다. 하지만 우리가 기억해야 할 것이 바로 이것이다. 하나님의 관점으로는 다 똑같이 해결해야 할 죄악이라는 것이다.

큰 바윗덩어리를 우물에 한번 넣어보라. 큰 파장을 내면서 물에 빠진다. 반면에 조그만 자갈 하나를 우물에 한번 던져 보라. 작은 파장을 내면서 물에 빠진다. 파장은 다르다. 그러나 둘 다 물에 빠지는 결과는 똑같다. 우리가 윤리적인 작은 문제 하나를 하나님 앞에 결단하고 애쓰며 해결하지 않으면, 그것 때문에 영적으로 침체한다는 것이다.

삶의 기준을 회복해야 한다

그렇다면 중요한 것은 지금부터다. 어떻게 하면 좋은가? 이렇게 타락해서 인류가 순리를 버리고 역리의 길로 나아가는데, 어떻게 해야 하는가? 그 대안은 무엇인가? 대안은 간단하다.

지금 우리는 역리로 기준을 무너뜨려버렸다. 하나님을 마음에서 내쫓아버린 역리에서 시작된 일이라면, 이것을 회복하기 위해서는 무너진 삶의 기준을 회복하면 된다.

구약의 대표적으로 타락한 시대는 사사 시대 아닌가? 말로 다할 수 없는 성적, 윤리적, 영적 타락 시대였다. 성경은 사사 시대가 타락한 이유를 두 번 반복하며 이렇게 설명한다.

그때에는 이스라엘에 왕이 없었으므로 사람마다 자기 소견에 옳은 대로 행하였더라 삿 17:6

그때에 이스라엘에 왕이 없으므로 사람이 각기 자기의 소견에 옳은 대로 행하였더라 삿 21:25

무슨 말인가? 백성들이 기준을 없애버렸기 때문에 이렇게 타락했다는 것이다.

이것은 오늘날에도 마찬가지다. 오늘 우리 시대는 삶의 기준이 무너져버렸다. 그래서 혼미해진 것이다. 그러니 우리가 기준을 다시 세워야 한다. 오늘 우리 시대는 로마서 1장 17절의 말씀이 절실히 필요한 시대이다.

복음에는 하나님의 의가 나타나서 믿음으로 믿음에 이르게 하나니 기록된 바 오직 의인은 믿음으로 말미암아 살리라 함과 같으니라
롬 1:17

이 말씀의 기준이 세워지는 인생이 되기를 바란다.

여기서 중요한 것은, 가정의 역할이다. 가정 공동체는 자녀들의 가치관 형성에 결정적인 역할을 하는 곳이다. 가정 안에서 무너진 삶의 기준이 회복되면 혼란스러운 시대를 사는 우리 자녀들의 삶의 기준이 회복될 수 있다고 믿는다.

언젠가 우리 교회에서 믿음의 가훈을 받아서 전시했던 적이 있는데, 내 눈에 들어오는 가훈들이 굉장히 많았다. 그중에 이런 가훈이

있었다.

"하나님이 계시는데…."

심플하면서도 멋지지 않은가? 그 가훈을 내신 분이 불교신자였다가 예수님을 영접한 분인데, 생활하다가 어려움이 찾아왔다고 한다. 너무 힘들어하는 중에 하나님이 불쑥 스치듯 주시는 생각이 '하나님이 계시는데…'였다고 한다. 그래서 이 말을 프린트해서 냉장고에도 붙여놓고, TV에도 붙여놓으며 삶의 기준으로 삼았다고 한다.

또 이런 가훈도 있었다.

"주. 뜻. 이."

'주님의 뜻을 이루다'의 약자라고 한다. 그 가훈 아래 초등학생 아이가 이런 글을 덧붙여 써두었다.

"제 이름은 이루다입니다. 하나님의 뜻을 이루고 살라고 지어주셨대요. 이제는 우리 집의 가훈이 되었답니다."

그런가 하면, 재미있는 가훈도 있다. 요즘 학교에 가면 '엄마가 보고 있다' 같은 유머러스한 급훈이 많은데, 이 가정은 거기서 따와서 "하나님이 보고 있다"라고 그 집의 가훈을 세웠다고 한다. 이 모두가 다 가정의 무너진 질서, 기준을 다시 세우겠다는 의지가 담긴 것 아닌가?

온 세상이 역리의 물결로 몸살을 앓고 있는데, 이런 중심을 가지고 자녀들을 양육하려고 애쓰는 모습이 귀하고 아름답다. 이 시대 가정들이 역리의 물결이 넘쳐나는 현실속에서 '순리'의 돛단배를 띄

우는 공동체가 되기 바란다.

로마서 1장을 담은 이 책을 마무리하면서 다시 한 번 부탁드린다. 앞 장에서 소개했던 '박하사탕'이라는 영화의 주인공처럼 너무 늦기 전에 되돌아서야 한다. 철길 위에서 절규하며 '나 돌아가고 싶어'라고 부르짖는 것은 너무 늦다.

복음이신 예수 그리스도께서는 우리 삶을 언제든지 돌이키게 하실 수 있는 능력자이심을 믿고 그분 앞으로 돌아서자. 주님 안에서, 주님의 복음으로 온전하게 회복되기를 간절히 바란다.

복음으로 산다

초판 1쇄 발행   2018년 3월 9일
초판 5쇄 발행   2023년 2월 25일

지은이   이찬수

펴낸이   여진구
책임편집   이영주
편집   박소영 최현수 안수경 김도연 김아진 정아혜
책임디자인   마영애 노지현 | 조은혜 이하은
홍보 · 외서   진효지
마케팅   김상순 강성민   마케팅지원   최영배 정나영
제작   조영석   경영지원   김혜경 김경희 이지수

303비전성경암송학교 박정숙
이슬비전도학교 / 303비전성경암송학교 / 303비전꿈나무장학회

펴낸곳   규장

주소   06770 서울시 서초구 매헌로 16길 20(양재2동) 규장선교센터
전화   02)578-0003   팩스   02)578-7332
이메일   kyujang0691@gmail.com   홈페이지   www.kyujang.com
페이스북   facebook.com/kyujangbook   인스타그램   instagram.com/kyujang_com
카카오스토리   story.kakao.com/kyujangbook
등록일   1978.8.14. 제1-22

ⓒ 저자와의 협약 아래 인지는 생략되었습니다.
이 출판물은 저작권법에 의해 보호를 받는 저작물이므로 무단 전재와 무단 복제를 할 수 없습니다.

책값   뒤표지에 있습니다.
ISBN   978-89-6097-529-3   03230

규 | 장 | 수 | 칙

1. 기도로 기획하고 기도로 제작한다.
2. 오직 그리스도의 성품을 사모하는 독자가 원하고 필요로 하는 책만을 출판한다.
3. 한 활자 한 문장에 온 정성을 쏟는다.
4. 성실과 정확을 생명으로 삼고 일한다.
5. 긍정적이며 적극적인 신앙과 신행일치에의 안내자의 사명을 다한다.
6. 충고와 조언을 항상 감사로 경청한다.
7. 지상목표는 문서선교에 있다.

하나님을 사랑하는 자 곧 그의 뜻대로 부르심을 입은 자들에게는 모든 것이 合力하여 善을 이루느니라(롬 8:28)

규장은 문서를 통해 복음전파와 신앙교육에 주력하는 국제적 출판사들의 협의체인 복음주의출판협회(E.C.P.A:Evangelical Christian Publishers Association)의 출판정신에 동참하는 회원(Associate Member)입니다.